大学如何记忆

文本
·
书写

孔娜 肖琳琳 编著

广西师范大学出版社
·桂林·

大学如何记忆

文本·书写

"沪江文化"丛书编委会

主任　王凌宇　朱新远

副主任　蔡永莲

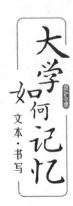

大学如何记忆

文本·书写

序一

1952年，我从沪江大学提早一年毕业，离开上海，坐上了开往北京的列车。如今回首往昔时光，与母校有关的一件件往事，依然历历在目。

1949年5月，上海解放。7月，我从南洋模范中学毕业，当时已经入党。根据党组织的指示和建议，我决定报考沪江大学。

沪江大学的入学考试，英文特别难，两大本卷子要求两小时内做完。记得有许多选择题，最后还有作文题。我很幸运，因为在南洋模范中学的英文底子好，最终顺利被沪江大学录取。

沪江大学对学生的功课抓得紧，很多课程都用英文讲授。当时的生物系老师有郑章成教授，历史系有蔡尚思教授和他专门请来的教员。开设的外语专业课程有公共英语、戏剧、小说、莎士比亚研究等。有位从圣约翰大学转过来的老师是中德混血儿，给我们讲世界文学史，一口英文如行云流水，声情并茂，引人入胜。

学校的专业课教学很有特点，强调自学，不发课本，由学生到图书馆借阅。老师上课滔滔不绝地讲一通，最后布置作业。作业一般是指定参考书，划定范围，要求从第几页读到第几页。课后同学们就赶紧跑到图书馆，借阅老师指定的英文原版书。第二天老师一上课,起码就是一刻钟的测验,往往就从前一天指定的阅读范围里出几个题目让我们做。几十页的阅读,时间紧,量很大,一上来就考,我们都非常紧张。不过,这也锻炼了我英文阅读的能力,使我养成了快速阅读的习惯。院系调整后,沪江大学的文理科大都并入了复旦大学;那些大本大本的莎士比亚原版书,封面是布面,装帧精美,也都跟着英文系到了复旦大学,进了复旦大学的图书馆。

1949—1952年,是沪江大学从一所教会大学转变成新中国高等教育体系一部分的过渡时期。当时学校的面貌可以说是一年一年在变化,师生们的思想觉悟伴随着解放初期的政治运动一天一天在提高。记忆最深刻的是在抗美援朝中,同学们的爱国热情空前高涨,发起轰轰烈烈的捐献飞机运动。几十名同学分成两批,踊跃报名参加军事干校。同学们还自发推动学校机构改革和课程改革。例如,英国文学系更名为"英国语言系",增加了翻译课,聘请了学识高深的教员。物理系师生提出把物理系改为"电信工程系",化学系师生则提出办"化工系",以响应国家大力发展理工科的要求。

1952年院系调整前,上海高等教育领域进行了轰轰烈烈的思想改造运动。先在复旦大学开展,复旦大学完成后,校党委书记王零带领100多人(其中许多人是华东人民革命大学的干部),到沪江大学来指导思想改造运动。沪江大学的学生党员协助他们。我主要参与学生的思想改造工作,沪江师生的思想改造运动从1952年上学期开始,直到暑期才结束。思想改造的成功,为毕业生服从全国统一分配和全校上下响应院系调整奠定了坚实的基础。我们的母校终于获得了新生,有关院系被并入复旦大学、华东师范大学和上海财经大学等学校,成为新中国高等教育的重要组成部分。

　　1952 年 10 月，北京要举行亚洲及太平洋区域和平会议。当时组织上从复旦大学、圣约翰大学、沪江大学等学校选调外文系学生到北京担任会议的翻译工作。我被选中，离开沪江大学到了北京。会议结束后就被调到外交部工作，从此进入外交战线。

　　回顾过往经历，我对母校充满感情。我在沪江大学学习、工作、生活的三年多时间，正是十八九岁的青春年华。在沪江大学美丽的校园里，我增长了学识，打下了扎实的英文根基，锻炼了思想政治与党务工作的能力，这些都对我以后的人生道路有很大的帮助。在我记忆深处，校园的一切都是那么亲切，对曾经夹着书赶去上课的科学馆、思晏堂，曾经挑灯夜读的图书馆，曾经居住的宿舍思雷堂、思裴堂，曾经主持过会议的大礼堂，我都有清晰的记忆。

　　1992 年，我在驻美大使任上接受沪江美东校友会的邀请前去访问，这些校友已在美国中上流社会站住了脚。记得当时还见到了凌宪扬校长的夫人杨霭芳。校友们回忆起母校时光，无不眷念。

　　2006 年百年校庆时，我应邀回到阔别半个多世纪的沪江校园，受到母校盛情款待，出席了校庆盛典，参观了刚落成的校史馆，为新成立的沪江文化研究所揭牌，还担任了研究所的名誉所长。

　　斗转星移，伴随着新中国的发展历程，母校经历多次蜕变，成为国内工程与机械高等教育学校中的翘楚。特别是在改革开放后，母校发展壮大，成为今天的上海理工大学，在学生规模、办学层次、学科建设与校园拓展方面，均有了长足的进步，已成为一所以工学为主，工学、理学、经济学、管理学、文学、法学、艺术学等多学科协调发展的上海市属重点应用研究型大学。2018 年又被列入上海市"高水平地方高校"建设试点单位，进入高速发展的快车道。

学校档案馆自成立以来就与我保持密切联系，他们在研究校史、发掘和整理校史资料方面作出了出色的成绩。如今，他们又积极进行校史研究、口述采访和史料征集，编辑出版"沪江文化"丛书。我觉得这项工作对于发扬母校文化传统、激励年轻学子发奋学习很有意义，所以提笔写下回忆片段作为支持，希望推动海内外广大校友一起出力，使丛书顺利完成并出版。

中国前驻美国大使

序

二

以史为镜，鉴往知来。走过百余年的上海理工大学，历经风雨仍笃行不怠，是中国近现代高等教育曲折而辉煌发展史上的一个缩影。

清朝末年，新旧交替，西学东渐。1905年清廷诏准立停科举，兴办学堂，咸趋实学。延续1300年之久的科举制度终被废除，此后新式学堂兴起，历史缓慢地翻开新的一页。

这新的一页开启了上海理工大学的发展源头。1906年，在领风气之先的上海，美国南、北浸会于黄浦江畔共同创建沪江大学。1907年，德国医生宝隆博士在上海白克路创办德文医学堂，1908年更名为同济德文医学堂后在法华路增设工学堂。上海理工大学接续沪江大学和同济德文医工学堂的办学传统，博采中西文明之长，融入时代之风云变幻，演绎了自己跌宕起伏又绚烂多彩的历史。

时光的表盘上，总有一些"关键时刻"，标注着历史的进程，记录着学校的往昔。1928年，刘湛恩成为沪江大学首任中国籍校长；1952年，沪江大学相关学科调整至上海各高校。1953年，于沪江大学原址（今军工路校区）创办上海工业学校；1960年，发展为上海机械学院，其后短暂更名为华东工业大学。1921年，中法两国政府于德文医工学堂原址（今复兴路校区）创办中法国立工学院；抗战胜利后，与国立高级机器职业学校合并成立国立上海高级机械职业学校。1950年，改制为上海高级机械职业学校；1983年，发展为上海机械高等专科学校。1996年，华东工业大学和上海机械高等专科学校合并组建上海理工大学；1998年，上海理工大学由原机械工业部划归上海市管理。从昔日的沪江大学和德文医工学堂到如今的上海理工大学，一路行来，薪火相传；百年沧桑，弦歌不辍。

这所在中华民族内忧外患中诞生的大学，不仅亲历了晚清政府的落后与屡弱，还深度参与了中华民族的奋起与复兴。它高举爱国和进步的旗帜，以育才兴学为己任，在波澜壮阔的历史变迁中书写了浓墨重彩的一笔。它秉持"信义勤爱，思学志远"的校训，孕育出无数的爱国青年和志士仁人，培养了一大批学术精英、工程专家、社会翘楚，以及各行各业的优秀人才。

作为一所百年学府，上海理工大学无疑具有深厚的文化底蕴和精神积淀。大学文化是大学在长期办学实践中形成的精神追求和价值取向，是大学内在精神气质的集中体现，也是大学软实力与核心竞争力之所在。如果说文化是大学的灵魂，校史则是大学文化的根，根繁才会叶茂。因此，我们应珍惜经过百年积淀而形成的校史文化，高度重视校史研究与传播，弘扬办学传统，提升文化品位，并将档案和校史工作置于学校文化建设的重要环节，从而为学校长远发展奠定厚实的文化根基。

学校档案馆成立十余年来，积极承担"存史、资政、育人、服务"的责任，尤其在校史研究方面取得了不俗的成绩，先后出版了《刘湛恩文集》《栋梁气贯大世界——上海理工大学工程教育百年》《1916：徐志摩在沪江大学》《沪江校友忆沪江》《悦读——百年上理优秀历史建筑》等一系列校史研究著作。近年来，他们在保存档案记忆、开发校史资源、构建校本文化、传承校训精神和开展校史育人等方面进行了诸多探索与尝试。考证了学校43 幢历史建筑的人文故事，挖掘了校史中的红色文化资源，主办了"热血丹心铸丰碑"等多个主题展览，完成了《上海理工大学第一至第七次党代会材料选编》等史料编纂工作，采集整理了校友及其亲属的口述记忆资料，建设了刘湛恩烈士故居红色文化主题馆和复兴路校区校史馆……这些工作有效拓展了档案和校史的文化功能，使档案馆成为学校重要的"校史 +"育人平台，提升了学校影响力和美誉度。

本书精心编选了刘湛恩、徐志摩、吕思勉、章乃器、蔡尚思、刘良模、冯亦代等学校百年历史上著名人物所作的与校史相关的重要文献，共计 21篇，并加以注释解读，以探知校史上的精彩瞬间和人文底蕴。当这些知名校友提笔写下书中文字的时候，他们或是作为管理者，正回顾筚路蓝缕的创校历程，并谋划着学校的未来发展；或是作为教师，正向莘莘学子传授个人独到的学术见解，传播救国救民的知识和理念；或是作为学生，记录着校园里的师生情谊、社团生活，校外的旅行考察，以及各类社会活动。

透过这些文字，我们能重温那些动人的场景，感受到他们的治校理念、爱国情怀、史家意识、文人心境和青春激情。这些闪烁着先辈们智慧光芒的篇章像一枚枚生物切片，因保留了过往岁月中大学生活原汁原味的鲜活气息而更能吸引今天新一代大学生走近历史，激发广大师生的爱校情感和自豪感。

习近平总书记在文化传承发展座谈会上强调："在新的起点上继续推动文化繁荣、建设文化强国、建设中华民族现代文明，是我们在新时代新的文化使命。"大学从一开始就肩负着传承文化的使命，并在文化坚守中获得了浑厚的精神力量、深刻的道德力量和巨大的感召力量，从而成为人类的精神家园。大学的发展，关乎历史，关乎现在，更关乎未来。站在新的历史起点上，上海理工大学已肩负起新的历史使命，必将书写更加绚烂的崭新篇章。

　　在本书即将出版之际，我对档案馆工作人员的辛勤付出表示感谢，非常乐意为之作序，并祝愿丛书编辑工作取得圆满成功。

上海理工大学党委书记

王凌宇

目录

簧序宏开

刘 湛 恩

沪大之回顾与前瞻[①]

◆刘湛恩

　　沪江大学创立于民国纪元前六年，为美国南北浸会在华高等教育事业之一。草创之初，规模甚简，校舍仅有思晏堂一所，大中学学生四十二人，教员数人而已。以前校长柏高德、魏馥兰两博士之惨淡经营，积极前迈，精神物质猛进不已。迨民国十六年，大中学学生人数已激增为八百余人，校舍成立三十余座，基地增购至三百数十亩，毕业生中人才辈出，此皆前人努力之功也。民十七，本校校董会改组推选国人长校，教务长及各院院长皆聘请国人担任，以校董会之指导与各方之策助暨教职员之共同努力。九年以来，秉承前人办学之精神，不避艰巨，更向前进，如进行大中学立案、开办城中区商学院、增加重要建筑、添聘教职员、充实学校内容，殆无日不在奋勉之中。兹者本校已值立校三十周年纪念之期，爰将已往过程与其现状敷陈如左。[②]

　　编制　本校编制为大学部、中学部、小学部、城中区商学院、沪东公

---

① 本文原载《天籁》1936 年第 25 卷第 2 期。1936 年，沪江大学举行立校 30 周年庆典。刘湛恩在《天籁》撰文，回顾历史，总结经验，展望未来。部分标点为编者加。

② 原文为竖排，行文从右至左，故称"如左"，后仿此。——编者注

社及沪大乡村服务处。大学部初分教育、宗教、社会、自然科学四科，继复添设商业管理科、医学先修科，立案之后遵照政府规定成立文、理、商、教育四学院。后复并教育学院入文学院，文学院有中国文学系、英文学系、政治学系、社会学系、教育学系（系教育学院改组）、音乐学系，理学院有生物学系、物理学系、化学系，商学院有商业管理系、会计学系。附属中学为大学部教育学系之实验学校，分高中部与初中部，已办毕业二十余届。附属小学内分小学部及幼稚园。小学六年卒业，幼稚园二年，亦为大学部教育学系之实验学校。城中区商学院乃五年前所创办，系徇社会各界领袖之商请，使职业界青年获有享受高等教育之机会，设大学本科、普通科、专修科，暨新闻学科、建筑学科等等。沪东公社乃本校大学部社会学系之实验机关，提倡劳工教育及社会服务，设在沪东杨树浦，附有沪东初级中学、小学、劳工夜校。沪大乡村服务处，成立于民国十八年，旨在提倡乡村教育与农村改进，并给予大学部学生以练习服务机会，所办事业有义务小学、民众茶园、妇女浴室、讲演团等。沪大推广教育部规划于民国十八年，为期教育普及特设专部，提倡大学推广教育。数年以来，所办事业为乡村服务、学术讲演、图书流通、识字运动、科学询问。近复致力于职业指导、职业介绍、工育研究、内地旅行、播音演讲等等。

学生 最初学生人数大、中学只有四十二人，以后逐年增添。至民十四，大、中学已增至七百左右，同年实行男女同学，开风气之先。近岁益复注意充实课程，添置设备，故四方负笈者接踵而至。现大学部学生六百二十余人，附属中学四百余人，附属小学一百四十余人，城中区商学院六百余人，沪东公社日夜校九百余人。

教员 本校草创之际，教员只有数人，嗣后校务逐年发展，为策需要，添聘教员。现杨浦树校内中西教员已垂及八十余人，均属专任，住居校内，努力教学，余暇尤热忱辅导学生从事一切课外活动，如学术研究、团契组织等，切磋琢磨，师而兼友。此外，如城中区商学院现有教员六十余人，都属专家及富有学问经验之士，沪东公社有教员三十余人。

图书仪器　学校设备除校舍建筑外，当以图书仪器为大宗。年来努力学术研究需要尤殷，乃竭力节省行政费用，以期此项设备之扩充。近岁购置每年在国币 21 700.00 元左右，现计价值仪器标本达 122 300.00 元，图书杂志达 113 000.00 元。凡中西名贵图书仪器之切合研究需要者，此后力所能及当不惜巨资以购备之。

经济　沪大经济向恃原设立者捐助暨息金与学费等项收入，次之则为中外友好与各界领袖，本其爱校与热忱之怀临时捐赠。近三年内并承教育部补助，因得努力于扩充设备与添置教席。但以开支浩繁，遵照预算，撙节动用，仅勉能相抵。兹将二十五学年度预算支出撮要记录如左：大学部 285 890.03 元，中学部 102 506.05 元，城中区商学院 49 295.00 元，沪东公社 19 460.00 元。比较以往殆岁有增添，为期巩固将来经济基础而利一切发展，在近期内拟积极添募基金。

校基　沪大校基在沪东黄浦江滨，面临军工路，背依歇浦，共占地四百余亩。最初建筑为思晏堂（总课堂及各部办公室），三十年中迫于需要先后完成中学校舍两座、学生宿舍四座、教员住宅二十余所，科学馆、体育馆、图书馆、女生健身房、男生膳厅、疗养院、中学新礼堂、游泳池、电气间、钟楼、水塔等等，而点缀其间之生物学园以及球场多所，碧草平铺尤饶胜概。本年为庆祝立校三十周年，暨纪念魏前校长之劳苦功高，募建大礼堂及思魏堂，兴工多时，尚待完竣。

关于未来计划，以本校原为教会学校，此后当根据原设立者之办学方针，遵照中华民国教育宗旨，以博爱、牺牲、服务之精神培养高尚人格，造就专门人才，研究高深学术，期能适应社会需要，至其努力目标。概分如下：

（一）**大学部各学院**　本校大学部各学院此后共同注重之点为改进课程、添聘教员、增购仪器图书，及文学院努力发展教育学系、社会学系、政治学系，理学院除充实基本学系生物、化学、物理三系外，尚拟发展工业化学，添设电气工程、渔业教育，商学院发展商业管理、银行、会计、国际贸易各学系。

（二）**研究院**　本校早有研究学程，修毕可得硕士学位。此后如有相当人才与经济，在可能范围内当积极发展研究院，特别注重社会经济研究所与自然科学研究所。

（三）**中小学**　本校中小学创办多年，已著成绩，此后更当注重实验，以对于课程教材及教学法皆有新贡献为目的。

（四）**城中区商学院**　本校城中区商学院将来拟积极设法自建校舍，增添学科，并多聘专任教员及宽筹奖学金，使职业界青年益有补充高深才能之机会，而减少限于经济无法求学之困难。

（五）**沪东公社**　本校沪东公社除就现有事业继续迈进，并拟在可能范围内改建大厦，俾日夜校暨其他社务均得发展。添置基地，开辟运动场，提倡工人体育尤为今后努力之一。

（六）**乡村服务处**　本校乡村服务处今后除致力原有事业外，并将酌筹经费，在学校附近购置基地，建筑工友住宅，设立新村，借以提倡乡村改进与民众教育。

（七）**推广教育**　本校推广教育部所有事业，如无线电播音、轮回图书、旅行、讲演、职业指导与介绍、校友通讯、认可中学之联络，均将积极努力，以期本校与校友暨其他学校、社会打成一片，互为贯通。

（八）**出版**　本校以前出版刊物，如《天籁》《季刊》《年刊》《科学》杂志等均有相当历史，颇多研究学术作品，以后更将努力于刊物出版，期于学术研究有相当贡献。而为增益利便与撙节印刷费用起见，校内附设沪大印刷所，并将力谋改进以助成出版前途之发展。

以上所举，仅及大端，不完不备，缺漏尚多。每念艰巨，时凛冰涧，尚希国内贤达赐以指导并加协助，沪大前途实多利赖。

为国捐躯的沪江大学首任华人校长

刘湛恩，沪江大学首任中国籍校长，近代著名爱国教育家和社会活动家。1896年出生于湖北省兴国州白沙铺刘福七房村（今属阳新县），谱名合增，又名九恩。

刘湛恩9岁时父亲早逝，随母迁居汉阳谋生。先在汉阳浸礼会小学读书，1906年只身赴九江，入同文书院。1915年以第一名的成绩在同文书院毕业，保送苏州东吴大学医预科。在东吴大学校园里，他十分活跃，是演讲会、辩论赛的选手。1918年夏，获理学学士学位。同年赴美国芝加哥大学深造，先学医，后转学教育学，1920年获教育学硕士学位。后转入哥伦比亚大学教育学院，成为著名教育家孟禄的学生，1922年获博士学位。

留学期间，刘湛恩的奖学金仅能维持学费等开支，其他日常生活费用需自行筹措。同其他贫寒的留学生一样，他挤出宝贵的课余时间去当临时工。打字、洗衣、刷碗、教书、擦皮鞋、芟枝刘草等任何零活都干，从来不以为苦。由此，刘湛恩既解决了学习和生活开支的经济来源，又从工作伙伴处学会讲广东话，结交了不少华侨朋友，也深入了解了美国下层社会，为日后向华侨进行爱国主义宣传和向欧美人士进行国际宣传打下了基础。

1922 年 9 月，刘湛恩学成回国，在南京东南大学执教。不久，受中华基督教青年会全国协会之聘，到上海出任中华基督教青年会全国协会教育科干事，还兼任大夏大学等校教育学教授。[①]刘湛恩大声疾呼教育救国，不遗余力地提倡加强公民教育与职业教育建设。他主张国民应当行使公民权利、履行公民义务、养成公民素质。他以上海中华基督教青年会全国协会为依托，开展公民运动、组织公民团体、发行公民刊物、实施公民测验。刘湛恩还积极投身职业指导运动，先后担任中华职业教育社职业指导委员会主任、上海职业指导所所长等职，发表了一系列有关职业指导的理论文章，对推动上海和全国职业指导运动做出了突出贡献。

1928 年，年仅 32 岁的刘湛恩受聘出任沪江大学第一任中国籍校长，成为我国近代最年轻的大学校长之一。他在沪江大学推行"学术化、人格化、平民化及职业化"教育理念，制定适应中国社会需要的发展方针。他精心谋划，主持完成了沪江大学与附属中学的注册立案，并致力于中国化的校政改革，使华人学者在教学和管理中成为主角。他还积极在国内外募款添购图书、仪器设备，增建了图书馆、大礼堂等大小 30 余幢建筑。

刘湛恩早年有半工半读的亲身体验，因而对勤奋好学但家境贫困的学生倍加关心爱护。他不仅设置了奖学金、助学金，为学生创造边读书边做工的机会，还为毕业生介绍工作。因此，学生们都说："刘校长是负责到底的好校长。"[②]1932 年，刘湛恩四处奔走，多方筹集资金，购入了圆明园路真光大楼二楼作校舍，创办了沪江大学城中区商学院，为在职职工、家境清寒而好学的青年提供接受高等教育的机会。城中区商学院作为一所创办

---

① 陈志科：《留美生与中国教育学》，南开大学出版社，2009 年，第 335—336 页。

② 中华基督教青年会全国协会：《刘良模先生纪念文集》，2010 年，第 384 页。

较早且卓有成效的新型夜大学，在中国成人教育史上具有重要的地位。[1]

在刘湛恩的领导下，沪江大学的办学规模和社会影响力达到了一个高峰。抗战爆发前，沪江大学共有文、理、商三学院，理学院下设生物、物理、化学三系，文学院下设国文、英文、政治、社会、教育、音乐六系和宗教学科，商学院下设商学系，有商业管理和会计两个专业。1936 年，沪江大学举办建校 30 周年庆典。刘湛恩在《天籁》立校三十周年纪念专号上发表《沪大之回顾与前瞻》，回顾自己长校九年来学校的发展，详细介绍了学校的编制、学生、教员、图书仪器等基本情况，并描绘了未来发展规划。

刘湛恩不仅是一位成就卓越的大学校长，也是一位坚定不移、威武不屈的抗日勇士。"九一八"事变后，他挺身而出，大声疾呼救亡图存。在出国考察和参加国际会议期间，他不遗余力地向国际友人、海外侨胞揭露日寇的侵华暴行，呼吁侨胞大力支持祖国的抗日斗争。

1937 年，淞沪会战爆发，战火蔓延到黄浦江畔，沪江大学校园被日军占领。刘湛恩校长指挥若定，把全校师生员工及其家属安全转移到市中心安全区域。经过一个半月的紧张准备，10 月 1 日，沪江大学各院系、沪江附中、沪东公社都迁到圆明园路沪江大学城中区商学院大楼复课，当时 2 300 余名学生挤在一幢大楼里轮流上课，弦歌不辍。

在主持沪江大学校务的同时，刘湛恩还担任上海各界救亡协会理事、上海各大学抗日联合会负责人、中国基督教难民救济委员会主席，为宣传抗日、支援前线、救济难民、安抚流亡学生不遗余力。他还广泛联系在沪的各国官方人员和民间知名人士，扩大对外宣传，揭露日寇暴行，以争取

---

[1] 中国人民政治协商会议汉阳县委员会文史资料研究委员会编：《汉阳县文史资料》第 5 辑，1990 年，第 157 页。

国际友人对中国抗战的同情和支持，这在当时被誉为"在野的外交"。[1] 刘湛恩还积极支持在沪江大学城中区商学院创办被称为"上海抗大"的社会科学讲习所。这是"孤岛"文化界进步人士在中国共产党的领导下进行抗日救亡活动的一所干部学校，以提高学员爱国觉悟为宗旨，讲授中国近代史、政治经济学等进步理论，吸引了许多爱国青年参加学习，为抗日革命队伍培养了不少骨干。

由于刘湛恩的抗日爱国义举和社会影响力，他成了日本侵略者的眼中钉，安乐坊的住所先后收到毒水果和炸弹袭击的威胁，但他将生死置之度外，照常为爱国活动和难民救济工作日夜奔忙。1938 年 4 月 7 日清晨，他与妹妹刘明珍及次子刘光华在静安寺路大华路路口（今南京西路南汇路路口）车站候车赴校时，遭日军特务机关控制的汉奸帮会组织黄道会凶手的刺杀，当场壮烈牺牲，终年 42 岁。

刘湛恩的殉难使中外人士大为震惊。他是抗战时期最先遭到日伪暗杀的文化界著名人士，也是十四年抗战中唯一被日伪汉奸暗杀的大学校长。[2] 当时上海各报，包括英文、日文报纸，都对刘湛恩烈士的不幸遇难作了报道。一些著名的爱国人士，如冯玉祥、陶行知、邹韬奋、郑振铎等先后发表了悼念专文。沪江大学于 4 月 9 日为刘湛恩举行隆重的追悼仪式。上海市各团体同赠挽联："为国牺牲。"沪江大学师生和各界人民 3 000 多人执绋送殡。

刘湛恩的殉难激起中外各界对日寇的强烈愤慨，他的民族气节和伟大

---

[1] 杨清海编：《爱我中华——著名学者爱国故事》，未来出版社，1994 年，第 230—231 页。
[2] 龙华烈士纪念馆编著：《峥嵘岁月——龙华烈士纪念馆口述资料选编》，上海教育出版社，2020 年，第 232 页。

人格也为学校带来了荣耀。1985 年 4 月 3 日，中华人民共和国民政部追认刘湛恩为"抗日革命烈士"。2021 年 6 月，修缮一新的刘湛恩烈士故居红色文化主题馆向公众开放，2023 年被评为上海市爱国主义教育基地。刘湛恩校长成为校史上爱国、爱校、爱生的杰出代表。

大学如何记忆

文本·书写

02

林 卓 然

沪江大学文学院之一瞥①

◆林卓然

本校自创办以来，迄今已历三十寒暑矣。初设文理各科学系，至民国十八年，遵照部章立案，始分文理商等学院。兹仅将文学院近况，略举其概如次：

一、入学试验

本校各院录取新生，向主严格，重质而不重量。凡投考本院一年级者，须修完部定六年中学课程，成绩优良，会考及格，领有毕业证书，品行端方，身体强健，方准应试。兹将应试科目列左：

国文　　作文及国文测验

英文　　作文及英文测验

数学　　混合数学

历史　　世界史

自然科学　生物、物理、化学任选一科

各种试卷，先经各科教授评定甲乙，汇齐，再由考试委员会详细审查

---

① 本文原载《沪江大学月刊》1936 年第 25 卷第 2 期。部分标点为编者加。

各生中学成绩及操行等，以定去取。

二、学程编制

学程阶段 本院学程，分为两阶段：一年级学程为第一阶段，二三四年级学程为第二阶段。一年级学程乃各系学生公共必修学程。自二年级起，各系学生方开始主修、辅修及普通必修等学程。四年共修满一百四十六学分，方能毕业。一年级公共必修学程如左：

国文　　　　　八学分

英文　　　　　八学分

党义　　　　　二学分

教育　　　　　一学分

自然科学　　　六至八学分

军事训练（男生）二学分

护士训练（女生）一学分

选修　　　　　七至十学分

主修学系 本院设国学、英文、政治历史、社会学、教育学、音乐等六系，及师范与音乐两专修科。学生投考本院时，必须选定一系或一科为其主修学程。自大学二年级起至四年级止，修完三十六学分（专修科学分不在此限）方能毕业。兹将近五年各系学生人数列左：

最近五年文学院学生人数表

学系 时期	国学	英文	政治历史	社会	教育	音乐	本院	本校	本院学生占 全校学生百分数（%）
民国廿一年		32	57	45	60	4	198	502	37.45

（续表）

学系 时期	国学	英文	政治 历史	社会	教育	音乐	本院	本校	本院学生占 全校学生百分数（%）
民国 廿二年		35	52	41	50	4	182	545	33.39
民国 廿三年		36	54	42	56	5	193	567	33.50
民国 廿四年	2	46	67	65	49	16	245	603	40.63
民国 廿五年	1	59	71	63	54	15	253	627	40.35

辅修学系　各系学生，经主修学系主任教授之同意，须依性之所近，于主修学系之外，由文理商三院学系中，选定两系，为其辅修学系，各修满十二学分。惟教育学系学生，为谋日后教学教材之准备，第一辅修系须修满十八学分，第二辅修系修满十二学分。

普通必修学程　本院学生，于主辅两系学程之外，自第二年级起，须修左列各规定学程，方可毕业：

　　国文　八学分

　　英文　八学分

　　伦理　三学分

　　哲学　三学分

　　体育　六学分

学分　本院各系学程，有二学分者，有三学分者，而大多数学程，系三学分。一学程于一学期内，每周上课二小时者为二学分，三小时者为三学分，余则类推。

绩分绩点　本院对于学业成绩，是以学分、绩分、绩点三法计算之；

以学分计学生学业之量，以绩分和绩点计学生学业之质。学生学业之绩分，至少须与其学分相等而平均绩点是一，方可毕业。学生各学业之成绩，是以一、二、三、四、五等数目字标明之，一为优等成绩，五为最劣等成绩。成绩一等者一学分为三绩分，二等者一学分为二绩分，三等者一学分为一绩分，四等者有学分而无绩分，五等者无学分而有负绩分。每学期之绩点，或四年之绩点，是以学分总数除绩分总数就得，可看左列二式。

甲式

学程	国文	英文	社会	政治	教育	历史	
学分	2	2	3	3	3	3	11
成绩	5	4	3	5	3	3	
率分	−1	0	1	−1	1	1	
绩分	−2	0	3	−3	3	3	4

乙式

学程	国文	英文	政治	社会	历史	教育	
学分	2	2	3	3	3	3	16
成绩	1	2	1	1	2	3	
率分	3	2	3	3	2	1	
绩分	6	4	9	9	6	3	37

4÷11=0.363 绩点（不及格）　　　　37÷16=2.31 绩点（优等）

三、教务概况

教员　本院本年度有教授十二人、副教授四人、教师十八人、讲师四人、助教三人，总共四十一人。其中中国教员占百分之五十一点二二，西国教员占百分之四十八点七八。本院为谋诱导学生学业之进步，养成师生友善之美风，聘请教员，惟以专任为原则，即间聘兼任，亦因情势所使。本年度除一教师、两讲师，系每周由外来院授课各数小时外，余为专任；其中间有本校职员兼任本院教务，但皆以本校事工为其惟一职业，庶得精神专一化。至全体职教员，除二三兼任教员外，均住校内，俾学生得有随时请益机会。

授课　本院负笈来学者，有自国内各省及邻近各国，于是教学工具采取中英文兼用。中国教师是以中文为主、英文辅之，西国教师虽用英文，亦有兼用中文者。各课教学，侧重研究精神。学生于课本外，须参考指定各种有关之中外书籍杂志，以补充课本之不足，而广其精神环境，并须选定一题，为其学期特别研究。

考勤　本院对于教员与学生之考勤，向甚认真，历年以来，教员与学生之缺席者均甚少。凡教员因事故不得已缺席者，必须照章请假，而所缺之课业须于最短期间设法补授。若学生所缺某课次数，在该课学分分数两倍以上者，即取消其该课学期考试资格及学分。

考试　本院考试，分临时考试、月考、学期考试三种。为促进学生平日用功求学而免或作或辍起见，除学期考试定有日程外，其余均不先示考期，俾养成随时勤学之习惯。至学生各课之成绩，是由其月考平均成绩、临时考试平均成绩、学期考试成绩等平均而得。

实习　本院为求学生多有实习机会，设有附属中小学校、沪东公社（杨树浦）、沪大乡村服务处（军工路），以为各系学生实习场所。

教育学系，旨在造就中小学教师及行政人才。因此本系学生，除在校研究教学及行政上之各种学理外，必须至上述各机关，作种种实际研究；或参观教学，或研究学校行政问题，或作各种智力测验，或研究儿童心身之演进，以求各种学理实际化。此外本系学生，须在附属中小学校实习教学一年，每周至少三小时，以作将来教学之准备。担任科目乃各生大学辅修科目，教学方案须受本系实习教学导师及该课中学或小学正式教师之指导与批评。

社会学系，设有社会问题、劳动问题、家庭问题、社会调查等学程。各课学生，不徒阅读各种有关之理论书籍及研究报告，并须亲自实际调查，多以杨树浦工场生活与沪大附近乡村社会为其研究对象，以沪东公社与沪大乡村服务处为其实习场所。客岁本系学生，作有两种实际研究：一为"小洋浜金家宅概况调查"，一为"沪江大学学生娱乐生活调查"。

政治学系，为明世界大势起见，学生组织有"国际关系研究社"及"边疆问题研究社"，专门研究现代各政治问题。今夏本系学生利用暑假之便，组织西北参观团，至河南开封、洛阳，山西太原等处参观，以资实际研究该处经济、政治、历史上各种问题。

毕业论文 本院各系四年级生须遵部章，作毕业论文一篇，旨在一方面对于人类知识略有贡献，一方面锻炼学生研究学术之技能。论文题目，各生得依兴趣之所近自由选择，但必须得主修学系主任教授之同意。进行研究时，各生在教授指导之下，须自动搜罗材料，规定研究计划。诸生论文，必须各出心裁，发挥其苦心研究之所得，杜绝抄袭他人作品、敷衍塞责。其历届毕业论文题目，略举一二以见一斑。

《江浙中等学校职教员实况》 　　林彩金

《民众实用字汇的研究》 　　陈人哲

《中文纵横读法的研究》 　　盛承裕

《上海公共租界市政之概况》 　　张志超

《一九三十年世界政治经济概况》 王平章

《中国妇女运动及其组织》 　　袁　凤

《湖南新化阿溪农村社会调查》 　曾宪琳

《上海女性犯的社会分析》 　　刘清于　徐惠芳

四、学生生活

普通生活　本校开中国大学男女同校风气之先。自民国九年秋季起，即男女兼收，当时仅女生四名，厥后逐年增加。本年度全校学生共计六百二十七人，女生即占百分之二十七点四八，本院有学生二百六十三人，女生亦约占三分之一。男女同学，互相尊敬，同堂受课，毫无奇异。一切学校团体生活，男女生参加，均甚自然，在学业上可作友谊之竞争，社交上亦有健全之认识。此种情形，不但能鼓励男女同学学业上之进步，并可作日后大社会生活之准备。

学术团体　本院各系男女同学，对于课外作业，均有组织。如国学系之文学会、英文学系之英文学会、政治学系之国际关系研究社、社会学系之社会学会、教育系之教育学会、音乐系之音乐社等，均至少每月开会一次。各系主修学生，为各系学会当然会员，辅修及其他学生，亦可随意参加。各会之宗旨，概为研究学术、交换知识及联络感情等。其作业之范围，可分为研究、讨论、参观、学术讲演等。有时并将研究所得，公诸同好。

团契生活　本校向重人格修养，不但悉心造就应世人才，亦力求各生人格之健全。本院于课余之暇，极力提倡基督徒学生团契组织，借以巩固学生宗教信仰，培养其道德观念，养成其健全人生。在此团契之中，对于人生各种问题，各契友得以自由发表意见，详加讨论，俾各契友对神、对人、对己均有正确之认识。每团契约有契友二十人左右，每星期开会一次，时间由契友议定之，每团公举团长一人、书记一人、会计一人、干事一人，并请教授一人为顾问。

综上所述，皆本院一部分之事，实聊以备阅者之参考，并予以匡正是幸。

服务沪江二十载的教务长

林立，字卓然，沪江大学教务长，教育学院、文学院院长，沪江书院教务长。1882 年出生于湖北汉阳，祖籍湖北夏口。幼时与父亲到九江，入私塾，打下国学根基，后考取九江同文书院。

林卓然在同文书院继续攻读国学，还广泛学习社会科学与自然科学，尤擅长数学，曾任数学助教。他主张改革旧教育、建立新学校。1902 年，参与创办九江民立第一学校，该校实行分班教授，任课教师皆由知名人士担任。学生一律穿制服，秩序井然，江西教育界"认为学校中之凤毛麟角"[1]。1904 年，他自书院毕业，因成绩优异，留校任教。

1907 年，林卓然赴美求学。先入卫斯理大学，主修希腊文和拉丁文，辅修哲学。他交游甚广，加入文学会、演讲会等社团，并以"中国之复兴"为题获学校演讲竞赛大会第二名。1911 年大学毕业后入雪城大学研究所，主修哲学，辅修教育学。是年秋，武昌起义爆发，中华民国肇立。林卓然应雪城大学"半月社"邀请，演讲《武昌起义之因果》，当地报纸刊于首页。

---

[1]《教授介绍：林卓然博士》，《校讯》1946 年第 1 卷第 5 期，第 7—8 页。

又应其他团体之邀，前后演讲 20 余次，听者极众。1912 年，林卓然入爱荷华州立大学研究院，主修教育学，辅修心理学。第二年，被推举为美国万国学生会会长、世界学生会副会长。1913 年，主持和筹备美国万国学生会年会，年会有声有色，林卓然被誉为团体活动之能手。1915 年夏自研究院毕业，获哲学博士学位。

1916 年冬，林卓然自美归国后，先任九江南伟烈大学师范科主任。1918 年，到国立武昌高等师范学校任教育学教授，后出任教务长。1922 年，应武昌中华大学之聘，任教务长。同年夏，中华教育改进社成立，林卓然被聘为专员之一。1923 年夏，世界教育会联合会在夏威夷举行成立大会，林卓然作为中国代表，与东南大学校长郭秉文、中华大学校长陈时等人一起出席会议。[①]1925 年 5 月，美国图书馆学家鲍士伟抵达汉口访问，林卓然主持欢迎会并以英语致欢迎辞。两周后，哥伦比亚大学教授保罗·孟禄出席中华教育改进社湖北分社发起的欢迎宴会，林卓然担任孟禄的演讲翻译。1926 年秋，国民革命军攻克武汉，中华大学在动荡中停办，陈时、林卓然等 34 人被污蔑为"反动派教职员"，遭当局通缉。[②]

1927 年，林卓然到沪江大学任教。刘湛恩出任沪江大学校长后，有意识让一批有造诣的中国学者在教学和管理中承担主要责任。1930 年，林卓然代替刘湛恩出任教育系主任，后又担任教育学院院长、文学院院长。

沪江大学教育系一直是教会大学中的领先者，林卓然的加入愈加提高了影响力。他赞同刘湛恩的教育应与社会生活相联系的观点，认为："如今

---

① 汪楚雄：《启新与拓域：中国新教育运动研究（1912—1930）》，山东教育出版社，2010 年，第 201 页。

②《鄂当局通缉大批教职员指为反动派》，《申报》1926 年 12 月 12 日第 10 版。

在中国，大学教育多多少少被人视为一种装饰品。高等教育在中国是一件代价昂贵的事，每个学生一年要花 500—1 000 元或更多。像中国这样一个与其他国家相比经济水平远远落后的国家是负担不起的。中国的大学不能造就中看不中用的人，而是要造就受到明确的某种专业或职业训练的男女青年。"[1] 在注重教育理论和方法的基础上，教育系增设了一批心理学课程，更注重教育理论和教育实践二者之间的互相促进。1936 年，沪江大学举行 30 周年校庆，林卓然发表《沪江大学文学院之一瞥》，概括介绍了文学院招生、学制、教务、各系的情况和学生生活。

刘湛恩以身殉国后，沪江大学暂时由校务会处理校务。1939 年 5 月 13 日，校董会在年会上正式任命樊正康为校长，并推选已任文学院院长的林卓然代理教务长。1941 年 12 月 8 日，太平洋战争爆发，日寇占领租界，沪江大学被迫停止办学。1942 年 1 月 21 日，沪江大学同学会在香港路银行公会举行常务委员会议，林卓然与郑章成、郑世察作为沪江大学主要负责人列席会议。会议决定成立"沪江补习书院"，后改称"沪江书院"，林卓然被推举为教务主任。

在林卓然、郑章成等人的努力下，沪江书院竭力维持沪江大学的办学格局，余日宣任政治系主任，郑章成任生物系主任，郑世察任商学系主任，林卓然任教育系主任。尽管困难重重，但相信母校一定会恢复的信念使师生们团结在一起。1942—1945 年，虽然教师人数有所下降，但书院的学生规模大致维持在"孤岛"时期的水平，即 600—800 人。在林卓然的支持下，教育学会于 1943 年 3 月恢复，还成立了"做学心理研究社"，"每两月

---

[1] Tsoerun L. Ling, The Report of the College of Arts, Nov. 1936. 沪江大学档案 5 号。

编辑《做学心理》刊物一种"。①

　　抗战胜利后，沪江书院宣布结束，沪江大学开始战后恢复工作。1946年4月，沪江师生返回杨树浦校区，林卓然再次被任命为教务长。1948年林卓然退休，1950年春因心脏病去世。

　　退休前一年，林卓然发表《四十年如一日》专论，重温沪江大学教育方针："本校教育之基本方针，在于配合国家社会之需要，使学生获有其应有之智识与学术，养成健全之人格，俾能具有高尚之志愿，坚定之信仰；使在家庭为良善之子弟，在社会为有为之青年，在国家为忠勇守法之公民，在世界人类为维护正义与促进大同之先锋。"林卓然服务沪江大学二十载，对沪江大学的感情恰如其文中所言："对于推进大学教育之使命，以及创办人设立之理想，无时不淬励奋进，从事实现。"②

---

① 王立诚：《美国文化渗透与近代中国教育：沪江大学的历史》，复旦大学出版社，2001年，第317页。

② 林卓然：《四十年如一日》，《校讯》1947年第2卷第2期，第1页。

03

郑 章 成

沪大理科之回顾与前瞻[①]

◆郑章成

沪大理科之发展，最为显著，其发展之程序，可分三期：草创时期、试验时期与兴奋时期。

三十年前之中国，知科学与国计民生有莫大之关系，故沪大开办之始，创办人意旨深远，虽经济支拙，规模简陋，即有理科之设。课程支配，有四年算术、一年化学、一年物理、一年天文、一年生物卫生，教科书多来自广学会，或为李提摩太等之中文译本。学生除在教室听讲外，所谓实地试验，罕见事焉。对于科学标本、仪器、参考书籍杂志，远不及今日吾中学之设备。教授一二人，均非专家，所有课程，皆系必修，更无所谓文理科之区别焉。盖当时教育家之目的，以为学生在此毕业，最低限度，须有十种普通常识，对于各科应受同等门径，不偏不倚，无轻无重，所谓"完整教育"是也。此为沪大理科草创之时期也。

民国九年，美人捐筑科学馆一所，洛氏基金团以五年计划，将科学馆应有设备及各科应用标本仪器，逐一捐置。今日科学馆所有基本设备，大

---

① 本文原载《沪大科学》1936 年第 1 卷第 1 期。《沪大科学》于 1932 年 7 月创刊，为半年刊，由沪江大学科学社出版，沪江大学理学院出版委员会编辑。部分标点为编者加。

都出于此。除已有化学、物理课程外，添设生物与地质两科，惟各系不设专修科，学生修理科，欲得理学士者，除必修二年普通课程外，须在每系各修业二年。当时教科书，均用英文原本，实验各课程，亦有试验之设备。化学系共有二十四课程，内三课为讲演，二十一课为实验。物理系共有十三课程，四课为讲演，九课为实验。生物学系共有十七课程，二课为讲演，十五课为实验。地质学系共有七课程，均为讲演。教授讲座，略有增加，无奈课程数量远过于教席数量。当时各系专任教席各一人，助教各一人或二人。实验室之设备，仪器之支配，以及图书杂志等，虽不能应有尽有，而对于各课应用基本教材，略具大概，此为沪大理科试验之时期也。

民国十八年立案告成，沪大为私立大学之一，直辖于教育部。课程完全改组，全校分文理商三院，各系得设专修课程，学生得自由选择一系为专修科，并得在该系专修四年。除普通中英文等外，无须涉及理院别系课程，自此由广泛之"完整教育"，一变而为一种狭义专门。地质学系因人事关系，立案后暂不开课。其他三系，由教部逐年津贴与各文化金团之补助，课程实验、仪器设备，亦逐年增加改善。今日生物学系之动植物学，有三十二课程，化学系设有二十六课程，物理数学系设有三十四课程。各系专任讲座增至二人，图书杂志有益无损，扩大博物馆，充实试验场，课程改善，学额增加。以近数年来之现状，较诸前期，实有天壤之别焉！此为沪大理科兴奋之时期也。

大学研究科学，应有四种使命。宇宙内之事实，或来自天然界，或来自人间，此种事实，不能以人力而更改，亦不能以环境而转移者，吾人称之为学理或公例。此公例，即人类公有之遗产，亦即人类共同之常识。吾人以此常识，编成课程，列入实验，证明公例之实现，表示事理之大同，援古证今，调和中外，俾学者扩张眼界，启发智能，此为研究理科之第一使命。

科学之理论与公例，由运用科学方法而得者，始有存在与发展之价值。如何运用科学方法，经过若何步骤，比较务精密，取舍求得宜，去成见，以溯因果，不虚假以证是非，以现象求抽象，以已知测未知。抱冒险进取之精神，用准确就范之手术，精益求精探讨事理。工欲善其事，必先利其器。善用科学方法，即为发明真理之利器也。此为沪大研究理科之第二使命。

以研究科学之结果，作为人类日常之应用。利用科学之好结果愈多，即增加人类之愉快与幸福。科学本无私，共诸同好；发明无止境，不嫌细小。师生合作，鼓励后生，介绍新学说、新方法，俾国内工艺制造家，有所借镜，教学互助。不弃旧，不惊新，从本身文化中求新发明，俾学者认识吾国蕴藏丰富，探讨采取，供给不尽，充分利用而已。此为沪大研究科学之第三使命。

研究科学，不专为其利用而后研究。探讨新理，从事发明，即应以探讨与发明为标准，何必言利。专一门有一门之兴趣，作一事有一事之乐境。人生乐观，不仅限于五官之享受；体肤不爽，亦未必即为精神之痛苦。真善美，科学之精义也；陶情养性，纯粹科学之态度也。知新宇宙之浩大，而不信人类正气更为浩大；知物质中心之奥妙，而不信人类中心更为奥妙。倾重物质，轻视精神，此为大科学家所不齿。达尔文终身研究天演学，至老而以不能享受诗歌为叹息，吾不愿沪大研究理科学者，亦有此叹息焉。此为沪大理科之第四使命。

沪大理科之过来与其使命，已如上所述，以后发展之趋势如何，固非今日所能预测。但国际形势如是，国民心理如彼，楚歌四面，威胁频乘，吾恐全国所有科学机关，将为屠戮之预备，大好科学将成杀人之利器，不亦惜乎？然而大势所迫，谁敢非耶？

"保存火种"的沪江书院院长

郑章成，沪江大学生物学系教授，生物学系主任、理学院院长、副校长，沪江书院院务长、院长。1885年出生于福建闽侯，1906年从宁波教会学校斐迪学堂毕业，后进入浙江江山中学执教。

1909年，上海浸会大学（即沪江大学）正式开始招生，郑章成是当年被录取的4名大学生之一。当时沪江大学大学部只有7人，加上中学部也只有47人。1913年，举行第一届毕业典礼，郑章成是首届2名毕业生之一，另一名为邬志坚。

大学毕业后，郑章成赴美国布朗大学深造，专修教育。1915年，获哲学学士学位，后进研究院专攻生物学及公共卫生；1916年，获科学硕士学位。之后进入耶鲁大学研究院，继续研究生物学和公共卫生。1919年，获博士学位，博士论文刊登在1921年的美国学术杂志上。留美期间，郑章成时常利用休假时间做实际工作或继续研究，曾在哥伦比亚大学研究天文与地质学、在佛蒙特大学研究社会学，担任新天城卫生局及军火厂监察，并在海滨生物研究所工作。[①]

①《郑章成博士》，《校讯》1946年第4期，第8页。

1919 年，沪江大学第三任校长魏馥兰聘请郑章成为教授，他也成为沪江大学第一位受过西式教育的华人教授。[①]郑章成回到母校后，着手设立生物学系，翌年即升任副校长。理科发展在很大程度上依赖实验室条件。经多年募款和筹划，沪江大学于 1921 年建成科学馆，不仅馆舍为"国内仅见之建筑物"，实验设备也达到当时国内最先进的水平。科学馆的第二层为生物部，这为生物学系的进一步发展奠定了基础。郑章成不断充实生物学系设备，创立博物院，多次走访各地，搜集标本。他还在生物学系重点发展医学预科，学生毕业后可直接进入医学院正科。著名儿科专家、沪江大学1927 届毕业生苏祖斐在书中回忆："他不但学识渊博，而且是一位慈祥的长者。我初入沪江大学时，英文基础薄弱，遇到看不懂的教本，虽是星期天求教，也问无不答。生物学是医预科的一门重要课程。郑教授的循循善诱，引起了我对医学的兴趣和热爱。"[②]

1926 年，郑章成再度入耶鲁大学，继续研究公共卫生及细菌学。1929年，沪江大学大学部呈准立案，分设文、理、商三学院，郑章成开始担任理学院院长并兼生物学系主任。1936 年，沪江大学举行建校三十年庆典，郑章成写下《沪大理科之回顾与前瞻》，回顾沪江大学理科发展历程，提出大学研究科学的四种使命。

抗战爆发前，在郑章成的带领下，沪江大学生物学系先后招揽陈兴国、刘廷蔚、王宗清等留美归国博士以及本地培养的硕士为骨干教师。郑章成扩展生物学系的培养方向，从主要为医科和农科提供生物学基础教育，扩展到提供渔业、公共卫生和工业生物学方面的训练。他提出沪江大学生物

① 熊月之、徐涛、张生：《上海的美国文化地图》，上海锦绣文章出版社，2010 年，第 114 页。
② 苏祖斐：《苏祖斐百岁回忆录》，上海科学普及出版社，1996 年，第 59 页。

学系应"保持课程的高学术水准，鼓励教师从事一定的研究工作，强调实验室技术的精确，训练学生的动手能力和创造性思维，形成对于科学训练和基督教人生的平衡而健全的态度"①。

1937年抗日战争全面爆发后，沪江大学军工路校址被日军占为兵营，大学本部迁至城中区商学院，与东吴大学、圣约翰大学组成教会联合大学。太平洋战争爆发后，日军占领上海租界，教会联合大学解散，沪江书院成立，郑章成主持教务。1944—1945年，他接替朱博泉担任沪江书院院长。②其间，沪江书院共有四届毕业生5 108人。在郑章成等人的努力下，沪江书院所有经济活动以量入为出为原则，一切教职员及所开学程一仍旧贯，未稍变动，保证了教职员生活和同学学业，在上海保存了"沪江火种"。

抗日战争胜利后，沪江大学正式复校，1946年2月迁回军工路原校址。1946—1951年，郑章成再次出任理学院院长并兼生物学系主任。他在沪江大学同学会创办的校刊《校讯》上发表《复员后的本校理学院》《沪大四十年后顾与前瞻》等多篇文章，以恢复学科建设，稳固学校发展。

1950年，郑章成和余日宣、郑世察列席沪江大学校董会召开的解放后第一次全体会议，会上通过了修改校董会章程和重新厘定办学方针的决议。1952年沪江大学解散，理学院的生物学系、化学系和文学院的中文系、外文系、社会学系并至复旦大学，郑章成也成为复旦大学微生物学教授。③

---

① 王立诚：《美国文化渗透与近代中国教育：沪江大学的历史》，第207页。
② 上海理工大学校史研究室：《栋梁气贯大世界：上海理工大学工程教育百年》，上海交通大学出版社，2011年，第308页。
③ 王立诚：《美国文化渗透与近代中国教育：沪江大学的历史》，第428页。

1963 年，郑章成因病去世。沪江书院成立时，郑章成声称，他们办这所学校是为了"保存火种，直到母校回来"。至今，他题写的苍劲有力的"沪江大学"校名仍矗立在军工路 516 号上海理工大学校门口。

04

郑 世 察

商学院概况[①]

◆郑世察

一、沿革

本校商学院为沪大历史中最迟产生之一学院，沪大创立迄今已历三十载，商学院创立不过七年，其成立虽较其他二学院稍迟，但能在最短期间获得如是成绩，实属可观。在民国十九年之前，商学院尚未成立，欲修商业课程学生皆隶属于文科。迨至民国十八年三月，经教育部批准立案，是年九月即改为商学院。嗣后规模扩大，课程亦因之增多，自十九年度始商学院遂正式成立，设商业管理一系，学生修毕商学院第二年级后如有志专修会计、银行、国外贸易等系，添可直接转入城中区商学院以资深造。民国二十四年秋，为应学生需要复增会计一系，二十五年春又经教育部批准，商业管理系改为商学系，下设商业管理与会计两组，此乃七年来商学院经过之历史也。

二、设备

本院设备逐年增添甚多，中西参考书、地图、各种著名杂志，俱照预

---

① 本文原载《沪江大学月刊》1936 年第 25 卷第 2 期。部分标点为编者加。

算尽力购置。自二十五年度起另辟会计实验室一所，新置桌椅可容实验生一百名，又会计课所用实验题及表册按中国实际情形编制，私自付印，故近年来选读会计学生获益更多。

三、教员

本院所聘教员皆系著名专家，全为专任教员，住宿校内。课余之暇，学生可有机会多与教员接触，负辅导学生之责。

四、学生

（甲）毕业生

自十九年度起至二十四年度止，毕业人数共计一百二十四名，除一部分毕业生留学欧美外，其余皆在商界中服务。近年来大学毕业生皆虑无出路，应考沪大商学院毕业生反供不应求，实本院之一好现象也。

（乙）列年注册学生

本院遵教育部命令，不多收新生，因斯每年投考商学院者落取之额，较其他二院为大，兹将每年度上下二学期学生注册名数列表如左：

年度	上学期	下学期
十九	一四四	一六一
二十	一六八	一〇一
廿一	一六七	一五七
廿二	二〇九	一八二
廿三	一八〇	一五六
廿四	一六〇	一四六
廿五	一三六	

五、课程

本院列年新开课程除本院学生必须选修外,文理二学院学生选修商学院课程者亦甚多,故本院新开各课,尚无人数不足不能开班之虞,下列一表可见一斑。

年度	学期	学分	学生人数
一九	上	三九	三七九
一九	下	四八	四六七
二〇	上	四二	五一五
二〇	下	二四	二九四
二一	上	三三	三七二
二一	下	二七	三〇八
二二	上	三九	五二二
二二	下	三三	四八四
二三	上	四五	六二七
二三	下	三六	五七三
二四	上	四二	五七一
二四	下	三六	四四六
二五	上	四八	四六二

六、今后之使命

本学院毕业同学,在商界中已获得相当荣誉,教会学校中开办商学院者,亦首推沪江,将来之发达正未可限量也。现值世界不景气时代,再者吾国商业素落人后,影响所及,较之他国尤烈,欲挽救其沉沦时局,转趋复兴路上,非取途于科学化商业不可。沪大商学院创办之宗旨,在培植吾国青年，俱有科学化商业知识，能与其他各国并驾齐驱，反入超为出超，是乃本学院之使命。愿吾国各界人士予本院以竭力之赞助，以致完成斯伟大使命，不仅令本院获益，亦为全国之幸也。

沪江大学会计学的开拓者

郑世察，会计学专家、教育家，浙江慈溪人，1919年毕业于沪江大学。曾任厦门大学会计学教授、会计学系主任，沪江大学商学院教授、会计学系主任、商学院院长。

郑世察早年就读于由英国循道公会创办的宁波斐迪中学，初中毕业后考入沪江大学附属中学，之后直升大学部，1919年获商学学士学位。他读书勤奋，为老师所器重，毕业后留校工作，并服务于沪东公社。

1921年，郑世察游学美国，先后就读于芝加哥大学、纽约大学，获商业硕士学位。之后入英国伦敦大学研究院，专攻会计。他深感祖国商业之需要，1924年获伦敦大学硕士学位后即归国，国民政府农商部特聘其为会计师，同时在上海开设会计事务所，并兼任美丰银行国外汇兑部主任，业务发达，建树颇多。[①]

1925年，郑世察离沪赴厦门大学任教，兼负责审查厦大部分账务。《厦大周刊》第121期介绍："商学系副教授郑世察……现在本大学教授会

[①]《教授介绍：郑世察教授》，《校讯》1947年第2卷第2期，第8页。

计学，其得心应手，可预卜也。"① 第 124 期登载来函："查本人与校中所订关约担任商学院经济学教授，今贵刊为商学系副教授，想系传闻失实，特此来函便正。"② 郑世察是厦门大学第一位会计学教师，可谓是"会计学教授第一人"。1928 年，郑世察任厦门大学商科主任，1930 年任会计学系主任。任教之余，他还兼任思明法院会计师和陈嘉庚公司华南各分支行办事处之总稽核。同时，郑世察也是较早获得注册会计师证书的会计师之一，译有《麦氏簿记与会计学》，为我国开辟了注册会计师园地。③

1933 年，刘湛恩邀请郑世察回沪江大学主持商学院院务，并兼任商业管理系主任。郑世察回母校任教前，沪江大学商学院由李培恩主持，下设商业管理系。李培恩任职不足两年便离开沪江，赴之江大学任校长。郑世察回沪江大学后，发挥其丰富的商科教学和管理经验，使商学院成为沪江大学人数最多的学院，一度占全校三分之一。④ 教会大学一贯秉承博雅教育理念，大多开设经济学等偏理论的专业。刘湛恩担任校长后，沪江大学学科发展更注重职业化，商业管理因与商业实践关联更强而发展迅速。教会大学中，商业管理学科集中于沪江大学和岭南大学两校。20 世纪 30 年代，沪江大学商学院学生规模已远超岭南，成为教会大学中最大的商学院。

郑世察一向重视调查研究，主张理论与实践相结合，坚持学以致用。在他的创导下，1936 级同学举办国货展览会，设立国货市场。供销两旺，净盈利 500 余元。他建议购买图书，以商学院的名义，捐赠给学校图书馆。

---

① 转引自杜兴强《葛家澍教授学术思想研究》，厦门大学出版社，2021 年，第 261 页。
② 同上。
③ 余盛钧：《中国注册会计师简史》，立信会计出版社，2016 年，第 14 页。
④ 王立诚：《美国文化渗透与近代中国教育：沪江大学的历史》，第 220 页。

在课堂上，他目光炯炯，"声音洪亮，深入浅出，简明扼要，举例生动，通俗易懂"[1]，使学生能全神贯注、专心听讲，因而深受教益。

沪江大学商学院自郑世察主持后，又进一步发展会计学，开设了高级会计学、银行会计学、成本会计学、审计学等课程，以使专业更为实用。为加强学生实际操作能力，还开辟了会计实验室，会计课所用实验题及表册按中国实际情形编制，学生获益颇多。20 世纪 30 年代国内经济凋敝，大学生就业困难，沪江大学商科毕业生却很受社会欢迎，"近年来大学毕业生皆虑无出路，应考沪大商学院毕业生反供不应求，实本院之一好现象也"[2]。1936 年，郑世察在报告中说："过去 7 年里有 100 多个毕业生进入商界，他们大多数获得了成功。我从银行和公司首脑们那里获得的印象是，我们毕业生工作得比其他商科大学的毕业生出色得多。总的说来，上海的企业如果要人，总是先挑选沪江的毕业生。"[3] 同年，郑世察在《天籁》发表《商学院概况》，介绍了沪江商学院自 1930 年正式成立至 1936 年间的沿革、设备、教员、学生、课程，并展望未来发展。

太平洋战争爆发后，日寇占领租界，沪江大学被迫停办。为保存火种，沪江同学会成立"沪江书院"。郑世察被推举担任会计系主任和院务会委员。抗战胜利后，沪江大学商学院突飞猛进，下设工商管理、会计、银行和国际贸易四个系，郑世察任商学院院长和会计系主任。

郑世察毕业于沪江大学又在沪江大学任职，对学校满怀感情，为沪江

---

① 孙以勤：《饮水思源忆吾师——记郑世察先生》，载上海理工大学档案馆编《沪江校友忆沪江》，上海交通大学出版社，2016 年，第 229 页。
② 郑世察：《商学院概况》，《沪江大学月刊》1936 年第 25 卷第 2 期，第 14 页。
③ 丁日初主编、上海中山学社主办：《近代中国》第 6 辑，立信会计出版社，1996 年，第 51 页。

大学商科发展夙兴夜寐。"太平洋事变发生迄今，先生清瘦多矣，以今日之工作而言，自清晨 8 时办公，至夜晚 10 时返家。工作 14 小时，仅中午稍有半小时之休息。工作认真，事无论大小，总必躬亲办理。杨树浦城中区两院奔波，劳心劳力，安得不稍形清瘦。惟桃李盈门，当亦足稍慰于怀也。"①

　　1951 年，郑世察加入九三学社。1952 年全国高校院系调整后，沪江大学商学院四系全部调入上海财经学院（今上海财经大学），郑世察也随之调任。1983 年，郑世察去世，但他为沪江大学和中国商科发展做出的贡献值得我们书写。

---

① 《教授介绍：郑世察教授》，《校讯》1947 年第 2 卷第 2 期，第 8 页。

大学如何记忆

文本·书写

05

凌 宪 扬

为本校四十周年纪念致校友及同学书①

◆凌宪扬

　　我校创立，四十年于兹矣。于此沧桑换劫、楼宇依然之环境中，庆祝我校成立四十周年纪念，宁不慨然？爰抒所感，以为我历届校友及诸同学告：

　　回溯四十年前，正值我国逊清戊戌政变，庚子之乱以后，国人对于西方文化，疑信莫从。当此之时，欲创设一教会大学，殊非易易。然我校乃于斯时成立，此中艰苦，概可想见。非有绝大之牺牲精神，与舍己为人之坚强意志，断不能有所成就，亦未必有沪江大学四十周年纪念之今日。故吾人于此，不能不深佩我校创办人之心力与精神；更不能不本此心力与精神，发扬而光大之。此其一。

　　抗战八年，全国文物，具遭秦火，我校虽幸院宇犹存，然数十年来之积聚与设备，泰半散失毁坏。欲待一旦回复三十余年来之旧观，值兹物力维艰之际，势所难及。是以四十周年纪念之今日，实我校有史以来最艰窘之一页也。

---

① 本文原载《校讯》1946 年第 1 卷第 6 期。《校讯》是沪江大学同学会于 1946 年发行的大学校刊，为月刊。主要刊登沪江大学及其同学会的消息和新闻，包括专论、教授介绍、校闻、会讯、海外来鸿等。部分标点为编者加。

虽然艰难困顿，固不足以馁吾心，抑更足以奋吾志耳。俗谚有云："家贫显孝子，乱世出忠臣。"安知我校今日所遭遇之舛逆，不为砥砺吾人节操之试金石耶？故吾人处于际遇最窘之今日，正为显示吾人心力与精神之最好机会也。一方面，各校友尽其可能之力量，为母校谋复兴；一方面，各同学亦应认清为锻炼体格、人格、知识而求学之目标，以坚毅耐苦之精神，忍受物质窘乏之现状。盖我校自复员以来，一切设备，尚未尽臻理想；然已竭力尽心，以期达到吾人所希冀之水准。此中情形，当早为诸同学所洞悉，岂待赘言？

西谚谓："生命始于四十之年。"（Life begins at forty.）今我校适逢四十之辰，又值此艰难困顿之会，正吾人奋起，为我校创造新生命之日也。此其二。

宪最近因公赴平，特抽暇参观清华、北大、燕京诸友校。其校园之广袤，校舍之宏敞，图籍之丰富，教授阵容之强固，课程编配之充实，以及全校精神之充沛沉着，至足羡慕！我校欲跻于全国最优学府之列，尚待迎头赶上。此其三。

我校自创立迄今，向得友邦教会之支持。历年以来，人才辈出，无一非我中华民国之国民也。此种盛谊，殊难湮灭！我历届校友，今日多能立身社会，有所成就，饮水思源，能无感奋？人之为我如此，我又将如何为后至者计耶？

最近同学会理监事会发起同学年捐运动，以为我母校子孙百年大计，良有以也！此其四。

当庆祝我校四十周年纪念，欣忭之余，谨述胸臆，愿与我校友同学共相策励，母校幸甚！

沪江大学最后一任校长

　　凌宪扬，沪江大学最后一任校长，原籍广东省宝安县，1905年5月出生于青岛。祖父凌启莲融中西文化于一身，尊"先贤懿训"，后代多有建树。父亲凌善永是会计专家，长期在江西萍乡任英国煤矿公司会计师，后升任总会计师和煤矿矿长。

　　1923年，凌宪扬考入沪江大学商科，在校期间表现活跃，颇受师生瞩目。他相貌英俊，能歌善舞，是沪江舞池中有名的"四骑士"之一。他擅长体育运动，曾担任学校篮球队队长。1927年，凌宪扬大学毕业后，在等待出国深造期间，在沪江大学附中任体育教师；同年入选国家篮球队，准备参加第八届远东运动会。1928年，赴南加利福尼亚大学攻读工商管理及航空运输，获经济学硕士学位。[①]1930年学成归国，任职于中国航空公司。

　　"一·二八"淞沪抗战爆发后，凌宪扬作为十九路军驻美代表，在社会各界尤其是华侨社团中发表抗日救亡演讲，呼吁华侨捐款支持抗战。1934年，凌宪扬调任中央银行秘书。1940年，奉召从香港飞赴重庆，接受筹办自行印制钞券的艰巨任务。1941年，设在重庆中信局的印制处正式成立，

---

① 陆士雄：《校长凌宪扬先生小史》，《校讯》1946年第4期，第1页。

凌宪扬任经理。1945 年，中央印制厂成立，隶属中央银行，凌宪扬担任首任总经理。他组织收购了当时重庆最大的京华印书馆，组织研制国产钞券专用纸张，成功印制钞票、公债、粮票、库券、税票、邮票、印花等，成为国民政府金融系统中举足轻重的人物。

全面抗战爆发后，部分沪江大学师生离开上海转赴重庆。到重庆的校友日渐增多，重庆沪江同学会的力量随之壮大，凌宪扬被推举为会长。沪江大学和东吴大学决定联合办学，在凌宪扬的努力下，两校同学会在重庆市中心区建造了校舍。1943 年 3 月 15 日，东吴大学沪江大学联合法商学院正式开学，凌宪扬担任商学院院长。商学院下设工商管理系和国际贸易系，并和东吴大学法学院合办了会计银行系。商学院遵循沪江大学城中区商学院办学模式，完全依靠国内筹集经费建造，并依靠学生学费维持，聘请了一大批知名人士和教授担任教师。从联合法商学院的筹建到运行，凌宪扬发挥了至关重要的作用。他长于经营，精力充沛，行事果敢，使商学院成为沪江大学"未来的支撑点"。

1945 年 8 月，抗日战争获得最终胜利，凌宪扬被委派回上海接收日伪纸厂和印刷厂。初到上海，他就到杨树浦校园查看情况，只见一片凄凉荒芜，建筑损毁严重，物品荡然无存。

出任校长后，凌宪扬面临的首要任务是尽快恢复杨树浦校园。这项工程本来要花两年时间，但他采取了压缩规模、速战速决的做法，初步修复工程 46 天宣告完成。1946 年 4 月 22 日，沪江大学正式开学。凌宪扬谈了他的感想："在我作 1 小时 15 分钟的讲演时，看到这么多的人兴高采烈、神情专注地聚在一起，我感动得嗓子都哽咽了。"[1]迅速复校克服了物价飞涨

---

[1] 王立诚：《美国文化渗透与近代中国教育：沪江大学的历史》，第 344 页。

的困境，使沪江大学在上海教育界中处于领先地位。11 月 23 日，沪江大学在校园内举行了 40 周年校庆，师生欢聚，嘉宾云集。

1947 年 3 月 6 日，凌宪扬受南北浸会邀请访问美国。在美期间，他访问了 59 个城市，进行了 91 次演讲，鼓舞了南北浸会继续投资沪江大学的信心。凌宪扬在沪江大学"物质复员"的同时，也开始了"学术复员"和"精神复员"。学校通过各种途径提高学术和教学质量。增加教师收入，不允许教师校外兼职；提高入学考试标准，提高学生淘汰率；募集大量资金，救助贫困学生；延续沪江传统，坚持服务社会。在凌宪扬的领导下，沪江大学克服战后的各种困难，基本维持了原来的院系格局。文学院下设中文、外文、教育、政治、社会、音乐六个主修学系，理学院下设生物、化学、物理三系。商学院有了大扩张，下设工商管理、会计、银行和国际贸易等系。凌宪扬发起募捐运动，扩建图书馆并更名为湛恩图书馆，以纪念为国牺牲的刘湛恩校长。还新建了两幢各有六套居室的教职员公寓及女生宿舍馥赉堂，翻建了健身房和游泳池。

1949 年初，国共最后一次谈判，李宗仁邀请凌宪扬为国民党代表，遭其拒绝。3 月，国民党全线溃败，凌宪扬选择继续留在上海，留在沪江大学。[1] 他在给友人的信中说："只要我对学校还有用，我就会坚守岗位。"他对学生说："如果我不能做校长，那我还能做一个教师。"

1949 年 5 月，上海解放。沪江大学由校务委员会负责管理，凌宪扬也成了沪江大学最后一任校长。岁月流逝，人们的记忆或许会模糊，但不会忘记凌宪扬对沪江大学的热爱和做出的贡献。

---

[1] 李秉谦编著：《一百年的人文背影：中国私立大学史鉴》第五卷，绝响（1945—1953），陕西师范大学出版总社，2016 年，第 80—81 页。

06

夏述虞

国立高机的建校过程[①]

◆夏述虞

本校于民国卅五年八月奉部令成立，并指定接收前国立中法工学院校址及设备作开办之用。是年秋，招收高级机械科学生六班，计三年级一班、二年级两班、一年级三班。二、三年级学生多系重庆各职业学校高级机械科复员生，暨本市私立中法工职之插班生。一年级均系新生。

卅六年秋季，毕业一班，添招新生七班。计高级机械科一班，中等机械技术科一班，中等电机技术科，电讯、电力两组各一班，五年一贯制机械科两班。连原有班级共十三班。

卅七年秋，高级机械科毕业两班，添招新生六班。计高级机械科一年级两班，中等机械技术科一年级两班，五年一贯制机械科一年级两班。连原有班级共十八班。学生人数约六百余名。除已毕业三班外，在校尚有十五班。

当接收筹备之初，述系一人来沪，不带亲故。本校职员同仁多系各方推荐，教师同仁多敦聘沪上各大学专门教授。回忆奉命以来，国步多艰，

---

① 本文作于1949年元旦，原载《国立高机第四届校友五十年团聚会纪念册》。标点、段落为编者安排。

战云迭起，教育进行殊感困难。本校因管教认真，除例假及星期外，不准出校，故虽在繁华之上海，学生未染都市恶习。年来，各地学生罢课游行，风潮迭起，本校亦未受波及。即今时局动荡，人心不安，本校学生仍循规蹈矩、弦歌未辍者，未始非平日管教严肃之力也。

值兹生产停顿与工业萧条之时，毕业学生除升学者外，多数已获得工作，且均得各服务机关主管人员之好评。此种学风之养成，固由当局指导有方，而本校教职同仁分工合作，克尽厥职，为国家作育人才之苦心亦未可泯也。惟时局艰难，荆棘满目，将来演变未可逆料。愿我全体同仁仍本为国育才之精神再接再厉，倘犹海内贤达嘉其愚诚，进而教之，则更幸矣。

杰出的工业教育家

夏述虞，国立上海高级机械职业学校校长。原名夏舜卿，1893年5月出生于河北省任邱县，1913年考入保定育德中学就读。当年在华北，育德中学是一所与天津南开中学齐名的学校。

1917年，就在夏述虞即将毕业之际，蔡元培、李石曾等人来到育德中学，准备开设留法勤工俭学预备班。经过动员，夏述虞与班上大多数同学选择参加留法预备班，课程以法文为主，另有机械原理、工艺图画、土木工程等。一年后，又转到长辛店机车车辆厂附设留法预备班半工半读，继续学习法文和钳工。[①]

1919年3月17日，夏述虞一行90多名中国青年学子，搭乘日本"因蟠丸"号，从上海出发，踏上赴法勤工俭学的旅途。

初到法国，夏述虞和几个育德中学的同学在南部一家铝制炊具工厂做工，业余学习法文。但因工资太低，一年下来除去伙食费，所剩无几，根本攒不下学费。他们心急如焚，几经商议，决定组织工学互助小组。一个

---

① 郑名桢主编：《留法勤工俭学运动》，山西高校联合出版社，1994年，第262—263页。

小组四人，两人去做工，挣了钱供另两人进学校学习；上学的两人把每星期的学习内容抄下来寄给做工的两人，做工的再利用业余时间进行自学。互助小组运行两年后结束，夏述虞又由蔡元培介绍，到法国北部一个兵工厂做工两年多。

经过几年打工，夏述虞省吃俭用，攒足了学费，于1924年8月考入法国著名的国立工艺专门学校——阿尔捷梅杰工业学校。该校在法国各地有四所分校，每所分校有三个年级，每个年级一百名学生，学期三年。每年的学习内容都有详尽周密的计划，在传授系统理论知识的同时，还注重培养学生的实际工作能力，强调理论与实践相结合。学校附设的实习工厂，设备相当完善，学生在工厂可以学习车工、钳工、木工、翻砂等各种工艺技术。这所学校为法国培养了大批高水平的工程技术人才，是一所很有影响的技术学校。

1928年1月，夏述虞学成回国，先后在天津、上海等地任教。因无法施展才能和抱负，他于1929年4月由蔡元培介绍赴西北工作，得到了民国西北军阀首领冯玉祥的重用，被任命为西北兰州省立汽车修理厂厂长。

当时冯玉祥及其统领的西北军与蒋介石集团的矛盾早已激化，1929年一年中，蒋、冯就发生了两次军事冲突，均以西北军的暂时退却告终。1930年4月，蒋、冯、阎中原大战揭开序幕。5月，在战事大规模展开的炮声中，夏述虞被调至西安，筹备组建陕甘汽车管理局，任局长兼机务主任。管理局直辖于西北军总司令部，主要任务是管理军用汽车、运输军队与军品。

1930年9月18日，张学良通电拥蒋，旋即派东北军12万人入关，西北军全线溃败，中原大战立分胜负。10月29日，杨虎城率部占领西安后，任陕西省政府主席，开始主政陕西。

夏述虞在随西北军总部撤退途中，被杨虎城的旅长赵寿山部俘虏，解送至西安。因当时西北十分缺乏汽车维修方面的高级技术人员，在查清夏述虞的底细和任职情况后，杨虎城亲自找他谈话，仍派他担任管理汽车的职务——17路军汽车修理厂厂长（上校衔），任务是修理与管理军用汽车。

1931年，杨虎城任西安绥靖公署主任，夏述虞又被任命为西安绥靖公署交通处处长、绥靖公署汽车厂厂长，成为杨虎城的重要幕僚。1936年12月12日西安事变中，夏述虞任西安交通委员会副主任委员，在杨虎城的授命下，负责管理西安市区内汽车、火车和飞机等工作。

西安事变后，夏述虞一直留在西安经营实业和教育。他将杨虎城留下的17路军汽车修理厂改为西京机器修造厂，并任厂长，最终将其发展为西北地区最大的机器修造厂。该厂主要业务为修理汽车、制造机器及汽车配件，还曾修理过途经西安，飞往东北、华北去轰炸日本军事目标的美军轰炸机。他还创办了私立西北高级职业学校，自任校长，按照法国阿尔捷梅杰工业学校的教学方法进行教学，为西北抗战输送了一大批汽车修理与工程技术人员。[1]

1946年8月，夏述虞奉南京国民政府教育部令到上海接收中法国立工学院校址及设备，创办国立上海高级机械职业学校。他聘请有留法勤工俭学背景的高水平师资，如侯昌国、杨铭功、刘宝信、何乃民等专家作为教学和管理骨干，采用法国工艺学校的教育理念精心办学。他非常重视培养

---

① 政协安新县文史资料委员会编：《安新县文史资料》第3辑，1993年，第55—61页。

学生的动手能力，花重金建设附属工厂，购置了实习机器 50 多台，并把工厂实习当作重要科目，培养钳工、锻工、木工、铸工、机工和汽车修理工等。他为学校制定《集体寄宿生活制度》，对学生实行严格的半军事化管理，作息、服装、膳食统一。在他严格的管理下，国立高机培养了一大批高素质的工业技术人才，成为享誉全国的名校。[1]

1949 年元旦，夏述虞写下《国立高机建校历程》，详细叙述了国立高机的创办过程、专业设置与招生班级等情况，记录了学校在时局动荡中为国培育人才的艰难和努力。1949 年 5 月 27 日，上海解放。6 月 27 日，中国人民解放军上海市军事管制委员会高等教育处代表李正文接管了学校。7 月 29 日，上海市军事管制委员会主任陈毅、副主任粟裕签发命令，任命以杨铭功为首的国立上海高级机械职业学校校务委员会负责管理学校。夏述虞当日将学校印章移交给校务委员会主任委员杨铭功与军代表李正文后，留在学校担任实习工厂教员。

1951 年，夏述虞调往上海法商水电交通公司担任工程师，一直工作到 1958 年退休。1981 年 3 月 29 日，夏述虞因病医治无效逝世于上海，终年 88 岁。

---

[1] 上海理工大学校史研究室：《栋梁气贯大世界：上海理工大学工程教育百年》，第 26—84 页。

大学如何记忆

文本·书写

07

林祖欢

中法文化事业：中法国立工学院概况①

◆林祖欢

中法国立工学院为两国政府共同所设立，迄今历十有四年。盖自欧战结束后，德人根据《凡尔赛条约》，以位于法租界之同济大学旧址让与中法两政府，由是唯一之中法教育合办机关乃应和平之运而产生焉。

历届主持之者在法国方面有前院长梅鹏，现院长薛藩；在中国方面有前院长张保熙、朱炎，教务长胡文耀，现院长褚民谊，秘书长农汝惠，均中法教育界知名之士也。

院内分大学部、高中部，及法文补习班。大学部四年毕业，分机械电机系及土木工程系；高中部肄业三年，经过学校考试并会考及格后，升入大学部；法文补习班招收初中毕业生，或初二修了的学生，年龄在十四岁以上、十六岁以下者，肄业一年考试及格升入高中部。

至于院中课程，系由两国教育主管机关厘订教材，力求充实；并主严格考试而学生俭朴是尚，刻苦耐劳，则相习成风。以是毕业生服务建设、教育各方面咸能尽职，获得佳誉。

---

① 本文原载《中法联谊会季刊》1936 年第 8 期。部分标点为编者加。

　　褚院长为谋高材生深造计，每年均资送学生，赴欧留学。本年度选拔两系第一名二人赴比（一九三四年度起，中比庚款项下资送两人留比），而赴法留学之计划，正在与中法基金保管委员会筹商之中。盖该院目的为养成建设人才，效忠国家而增进中法邦交以合两政府设教之志愿也。

　　年来国内经济恐慌，求学綦难。该院为体恤时艰计，大学部每学期仅收学费二十五元，高中部及法文补习班十五元，宿费免缴，唯膳食系由学生自理耳。又闻院中云人，方今国难多故，实学致用为先，自立乃能立国，故以读书救国并重之学生，乃为该院所欢迎。今年增购高中理化仪器以及大学图书不少，至增加其他设备问题与经费有关，须待两政府共同筹划，方克进行。中法两院长深念百年树人事业之不易，切盼中法两国人士热心匡助，俾此两国政府共同设立之唯一学府发扬光大也。

抗战中守护学校的校长

林祖欢，字治平，中法国立工学院数学教授、中法高级工业职业学校校长。1906年生于福建一个诗书世家。祖父是清末举人，思想进步，在福州创办女子职业学校和幼稚园。林祖欢从小知书明理，既受到儒家传统文化的熏陶，又受闽人"放眼看世界"观念的影响。

第一次世界大战结束后，德国战败。1919年6月，法国等战胜国与德国签订了《凡尔赛条约》，第134条明确规定："德国放弃在上海法租界所有之德国国立同济大学全部校产，让与中法两国政府。"[1]中法两国政府经多方商谈，在学校的性质、管理和经费问题上达成了一致。1921年3月，中法国立通惠工商学校正式成立（后更名为中法国立工学院），远近学子负笈而来。不久，林祖欢就考入其附属高中。

1924年7月，林祖欢从附属高中毕业，成为第二届毕业生。[2] 林祖欢远赴比利时埃诺省沙勒罗瓦劳动大学勤工俭学。沙勒罗瓦是当时欧洲著名的煤炭、电力、冶金和玻璃制造基地，沙勒罗瓦劳动大学是一所培养工程

---

[1] 世界知识出版社编辑：《国际条约集》（1917—1923），世界知识出版社，1961年，第132页。
[2]《本院历届附属高中毕业生一览表》，《中法国立工学院院刊》（1934年），第157页。

师和各类专业技术人才的工程技术学校，以重视实践而远近闻名。留学比利时期间，林祖欢专注学业，也时刻牵挂着祖国和家人。在一张未寄出的明信片上，他写道："沙城天渐暖，早晚衣裳自知检点，幸勿念。一个月后即是大考，儿须备功课，少作禀，并无他事，祈释挂为祷。"又道："得知近况安吉甚以为慰。二伯母回闽与家人重聚，有吾妹朝夕相助，深慰兄心。"虽地处异国他乡，相隔万里，林祖欢仍保持与家人的通信，关心家人近况，讲述学业进程。

20 世纪 20 年代，为实现"科学救国"理想赴欧洲勤工俭学的中国学生主要集中在法国里昂和比利时沙勒罗瓦求学。法、比相邻，交通方便，语言文化相通，实为一脉，聂荣臻、刘伯坚、熊味耕、何长工等都曾在沙勒罗瓦大学求学。在法勤工俭学的周恩来等人都曾专程到比利时交流。1930 年，留比归国同学因"同学自海外归来者月有所闻，而同学中之以服务而散居南北各省者亦所在皆有"而组织成立了留比同学会，希望"同学全体踊跃参加，发扬我同学团结精神者一也"[1]。1935 年，留比同学会第四届第一次执监委员联席会议在上海召开，林祖欢当选为执行委员，负责筹募经费，筹建会址。[2]

林祖欢心系祖国和母校，学成后启程回国，并于 1931 年受聘担任中法国立工学院数学教授。抗日战争爆发后，他被师生推选为中法国立工学院教职员抗日救国会干事，电请国民政府立即宣布切实准备办法，以免青年

---

① 《上海留比同学会成立之经过及未来之展望》，《滑铁卢：上海留比同学会会刊》1933 年第 1 期，第 136 页。

② 《留比同学会在沪创办模范小学》，《民报》1935 年 1 月 9 日第 6 版。

无谓牺牲。[①]1936 年底，中法国立工学院全体教职员捐助援绥，捐款共计国币 145.35 元。其中林祖欢捐款 10 元，位列捐赠排行榜第 2 位。[②] 在关注时局和积极抗战之余，林祖欢坚持深耕学术。1934 年，他在《中法国立工学院院刊》上发表《微积分学之沿革》，介绍微积分学在欧洲的诞生与发展过程。《中法国立工学院院刊》为中法国立工学院第一届本科毕业生之纪念刊，收录学院沿革、组织、设备、规章、教职员与毕业学生概况等内容，并设论坛、专著、学生成绩及研究等栏目，发表部分师生的学术研究成果。

第二次世界大战爆发后，法国因战争影响，无力支付之前承诺过的经费，中法国立工学院的办学一度陷入困境。1940 年 6 月，学院只好宣告停办，由中法双方组成中法国立工学院院产保管委员会，负责保管学校财产和设备。林祖欢等 8 名教师作为学院登记教授，每人每月可领取生活津贴120 元。

1943 年 8 月，法租界被日伪政府接管。为杜绝敌伪势力觊觎中法国立工学院校舍，林祖欢联合在校的 8 名教授挺身而出开展护校运动，以校友的名义成立校友会复校运动委员会，创办私立中法高级工业职业学校（简称"中法高工"）。中法高工的创办目的有两个：一是确保中法共有的财产不落入敌伪的手中，以在取得抗日胜利后恢复母校；二是继续培养技术青年，坚持"教育救国"的路线。林祖欢被推选为校长。中法高工的教师大多由中法国立工学院的校友担任，同时聘请了部分法籍教师。学校设电机、机械、土木工程 3 科，首届招收 3 科学生各 1 个班，约 300 人。

林祖欢早年在中法国立工学院附中就读，留学归来后回到母校担任教

①《本外埠各级学校抗日救国工作》，《民国日报》1931 年 9 月 30 日第 9 版。
②《教育界援绥运动日志》，《时事新报》（上海）1936 年 12 月 3 日第 7 版。

授，度过了人生中最重要的光阴。他写下《中法文化事业：中法国立工学院概况》一文，介绍学校发展历程、师资队伍、学科设置，以及学校结合时局变化制定调整学费等措施，同时指出学校为培养效忠国家、建设国家的人才，增进中法邦交，以合两政府设教之志愿的目的。担任校长期间，他殚精竭虑，筹集办学经费，竭力恢复原有教学设施，保护了教师、学生的利益，为抗战胜利后学校的发展做出了特殊的贡献。

1945 年初，艰难办学中的林祖欢积劳成疾，未能等到抗日战争的胜利便病逝在校长任上。中法国立工学院校友陈廷骧继任校长，坚持办学。抗日战争胜利后，国民政府教育部奉行政院令，接收中法国立工学院的校舍、实验设备，成立国立上海高级机械职业学校，夏述虞担任校长。从此，中法国立工学院逐渐淡出中国高等教育的舞台，但它所秉持的办学理念在国立上海高级机械职业学校得以延续，又被传承至今天的上海理工大学，百年弦歌，薪火相传。

大学如何记忆

文本·书写

作育英才

01

钱 振 亚

工人娱乐[①]

◆钱振亚

　　娱业的真实意义，就是要使人在精神上、身体上得到一种快感，尤其是在长时间工作后精神觉得疲乏而大苦烦闷的时候，那适当的娱乐，更是要紧的一件事；因为，娱乐是调剂身心的唯一补药。每日能够规定一个时间，去找寻一种有益身心的娱乐，不但能使人们精神上感到愉快，一切烦闷，便也同时解除了。不论他是一个劳心者，或是劳力者，要求日常生活感到愉快，必须要有一种相当的娱乐，在他工余之暇，陪伴着他。所谓相当，就是性之所近，或作欢喜的解释亦可。但至少须有几分意义，才可称正当的娱乐而得着其益处。娱乐在吾人生活上之效用，能把烦闷、枯寂、离愁乡思及一切不快之感，丢在一边，完全忘却。吾记得有一首英文诗里面，描写着"Work while you work; play while you play; that is the way to be cheerful and gay." 几句话，将它译作中文，就是"工作时候要工作，游戏时候要游戏，这是一个法门，使得我们感到兴奋和快活"。假使工作时候，专心工作，有时虽感到困难，苟能全神贯注，自不难迎刃而解；游玩时候，起劲游玩，

---

① 本文原载《民生》1933 年第 1 卷第 18 期。部分标点为编者加。

则在工作时候所感到的不快之感，都已洗濯尽净，胸襟为之一畅了。

工人们，是作工而食的。那么就可以说：食，是汗和血所换来的。在工作时间，费去几多血汗，身体就需要营养去谋恢复。民以食为天，那当然是要食物来营养的。但是人类的生活标准，不仅单纯的物质所能统办的，同时精神方面的修养，也要顾到的。一个人精神抖擞，办起事来，就觉得有兴趣。反之，精神萎靡者，做事便起不出劲儿，怎能办得好呢？工作，是苦闷的、单调的不错，要使苦闷的工作感到兴趣，惟有精神饱满的人们，能享受个中况味。那么，精神是怎样培养的呢？上面已经说过：娱乐是调剂心身的补品，适当的娱乐，不但可以调剂精神，并且有益身体，同时并助长智力之发展。现在吾要掉过头来，看看吾国一般工人日常所举行之娱乐。不消说，打麻雀，非常盛行。其次，如扑克、牌九等含有赌博性的玩意儿，均成为他们的普通嗜好，亦可以说是他们的唯一娱乐。工余之暇，总是要约同三朋四友，来个八圈，而美其名曰解解厌气。这事吾并不怪他们不应该玩，因为他们不知其中的害处。那般明知故犯的人，或者因为其中有输赢可做，意在投机，不惜背城借一以博胜利，这是从心理方面发生出来的。要杀此风，法律也恐不能奏效。提高国民道德，以济法律之穷，是吾所希望于社会领导诸君之理想目标。

茶馆，为吾国工人麇集之所。他们踏进茶馆，目的十九不在喝茶——只是要消闲。谈谈讲讲，看看听听，如此消闲，倒也经济。尤其是一般失业工人，整日里身无寄处，暂借一席地，以躲神光，占大多数。我国各工场区附近亦不少空场地方，他们不愿意去呼吸新鲜空气，及将该地变为游戏场或运动场所，惟愿在设备简单、场所不洁的茶馆里去躺个自在，这或者是习惯成了自然么？假使你对他们说，茶馆里面揩脸的手巾，最易传染沙眼、伤风或其他流行病的，他会理睬你么？他们老是这么想，这是不在乎的。细品这话的意思，还是因为不明卫生常识呢？还是习惯征服了他们的理智呢？况且"小人闲居为不善"，茶馆也是犯罪智识的传习所。这个问题，吾想最好要一般负有改良社会之责者，赶速设计，用他种合乎卫生的消闲处所去替代这些不洁的茶馆才行。

戏馆，包括游戏场、小戏园如绍兴班、四明班、扬州班等。他们所演的戏剧，不必说是缺乏教育意味，而且类多诲淫诲盗，最足诱惑一般血气未定之青年男女。察其园中秩序，非常混乱，更与治安风纪以绝大之影响。工人们以血汗换来之资，投诸此极无聊、极无谓之地，殊不值得。且耳闻目见，又皆如此这般，离开娱乐之真义甚远，怎样好算工人应该去的娱乐场所呢？

其他不正当之娱乐场所之多，吾不愿说，亦不忍说。大概受过其中害处的工人们，总可说几句忠实话来补充吾的篇幅。

正当娱乐的场所是怎样的呢？为工人着想，工人也应该起来组织工人俱乐部，在经济的可能范围内，由小而大地逐渐设备起来。筹备期间，如感到困难，可请就近社会团体协助，如男女青年会、社会局等指导，或同一机关中之高级职员襄理其事。

关于有教育价值的娱乐，如研究会、工人家庭游戏会、茶话会，有了俱乐部为集合之所，还都可以次第举行的。若经济不能租屋为俱乐部之用，可在附近假借公共场所，如学校、庙宇、会所等。凡有正当之用途，总可商借若干时日，并非日常之娱乐。若演讲，若研究，还须请导师加以指导。集会之先，规则须要厘定；集会之时，秩序务必保守。凡是演讲题目，总以关于工人修养、合乎现代需要为主。研究，最好趋重学术和技能。讲到智育方面之日常娱乐，其最适合于一般普通工人者，为音乐与歌曲。用敢特为介绍，并为申述理由如左：

一、音乐歌曲，最能怡情养性。

二、比较容易学习，识字不多者，只要能看或记乐谱就行。

三、中国固有乐器，代价不昂，可人手一种。作个别练习流行之歌曲，常可于留声机。体育方面，则各种户外运动，球类如足球及篮球等，远足、竞走、赛跑、技击、踢毽比赛，最为普通而容易举办。他若田径赛，设备方面，亦甚简单，咄嗟之间，可以立办。体育指导可请就近学校体育教员义务指导，其不参加任何运动或比赛之工人或其家族分子，最好有个公共憩息之所——公园。我国各大城市业已举行，在这里他们可以领略一种自然美，多吸几口新鲜空气。

上述种种之正当娱乐方法，并非属于理想的，却是可以实现的。现时代的厂主，抱利己主义者居多数，工人们之健康与幸福，要工人们自己去寻求。他们所能给予或帮助工人者，在工人之恳协要求下，不过一些物质的援助而已。讲到政府方面，恐怕他们在实际上也不能帮助工人，工人们应自己起来，有决心地去干。

所以在这里，吾只有希望工人自动地去计划正当的娱乐。这是工人们的切身问题，不可不自谋解决。要想依赖政府、依赖资本家来替你负责办理，那你们的娱乐是不能实现的。

结论

兹将拟办娱乐之原则如下：

一、娱乐须轻而易举，不花多钱。

二、利用现有之空地或假借公共机关，如学校、公所、庙宇及工厂中余屋等为工人俱乐部及娱乐之用。

三、娱乐须注重团体化，尤须自动地参加。

英年早逝的社会学家

钱振亚，1891年出生[1]，曾任沪江大学教授，沪东公社社长，是著名的社会学家。

钱振亚1918年毕业于沪江大学。在校期间表现优异，追求进步，翻译《日本今日之教育观》，连载两期刊登于《沪江大学月刊》。毕业后，他留校担任助教，并开始主办沪东公社。沪东公社创办于1917年，由沪江大学社会学系创始人葛学溥创办，直属于沪江大学校董会及沪东公社指导委员会。[2]谈及沪东公社的创建初衷，沪东公社第六任社长金武周表示："沪东本郊野之区，虽工厂林立而荒原满目。时有葛学溥先生者，闲步其间，目击现实，慨然有组织团体改进民生之宏愿。"[3]沪东公社首开中国社会工作之先河，成为中国第一家社区服务机构。

1925年，钱振亚升任沪江大学副教授。随后赴美留学，先入纽约社会事业专门学校学习，后转入哥伦比亚大学研究院攻读硕士学位。1928年，

---

[1] 《钱振亚明日大殓》，《时报》1933年12月17日第4版。

[2] 宋钻友、张秀莉、张生：《上海工人生活研究：1843—1949》，上海辞书出版社，2011年，第270页。

[3] 金武周：《沪东公社之回顾与前瞻》，《沪江大学月刊》1936年第25卷第2期，第16页。

钱振亚学成归国后升任沪江大学教授，并继续主持沪东公社。同年，他被聘为沪江大学社会学社责任指导员，并参与议定年度工作大纲，即社会学理之研究、中国社会问题、社会调查、中国劳动问题、公开演讲。[①]

在沪东公社的发展上，钱振亚特别注意劳工教育方面。鉴于校舍不敷应用，他筹募捐款建造教室，并于1929年夏天落成；同时，又建造门面房5栋，收取租金，以为日后自立自养之本。沪东公社以教育事业为重点，先后开设了职工补习夜校、中学校、小学校、托儿所、平民女校、夏令义务学校等多种类型的学校。因办学认真、成绩优异，1931年沪东公社附设小学准予立案，并获公共租界工商局的奖励和财政资助。1932年，夜校经教育局审查合格，准予登记。1933年，沪东公社初级中学被上海市教育局准予立案。从开办中小学日校招收附近工厂工人子弟，到开办夜校辅导在职工人，其办学机制灵活多样，在校学生规模也不断壮大。到1934年9月，学生人数共计1 047名，其中日校学生384名，夜校普通科学生449名，妇女班96名。钱振亚还聘用20多名富有经验的教职员，为学生提供高水平教学。

在沪江大学进行理论研究和在沪东公社从事社会实践的基础上，钱振亚积极推动国内的社会工作发展。1928年，为了砥砺学术和交流教学经验，同时为组织一个全国性社会学会创造条件，钱振亚与孙本文、吴景超、言心哲等联合发起组织了一个地区性的社会学会——东南社会学会，决定嗣后每年在各地举行一次年会，宣读学术论文，并选出编辑委员会，创编期刊。1929年，由东南社会学会主编的《社会学刊》出版。[②]钱振亚在创刊

① 其镛：《沪大社会学社》，《沪江年刊》1929年第14卷，第186页。
② 赵培中主编：《吴泽霖执教60周年暨90寿辰纪念文集》，湖北科学技术出版社，1988年，第314页。

号上发表《社会个案对于学校训育》，阐述他对个案工作方法的认识以及将这些方法运用于学校训育领域的看法。之后两年，又刊载了《大学中社会行政人员之训练》《日本社会事业之概况》等文章，在社会工作学界具有一定影响。1930年，东南社会学会与陶孟和、许仕廉等在北京组建的社会学会合并，组成全国性的中国社会学社，钱振亚当选为学社理事。[①] 此后几年的学社年会，他都会参加并担任重要工作。钱振亚还十分关注对民生问题的改进，1933年他在《民生》半月刊上发表《工人娱乐》，阐述工作之余娱乐的重要性和娱乐的方式、原则，希望"工人自动地去计划正当的娱乐"[②]。

对于沪东公社乃至全国社会工作的推动和发展，钱振亚尚有远大计划，可惜天不假年，1934年3月钱振亚病逝于上海。钱振亚英年早逝，对国内社会工作学界是一大憾事，上海各大报纸都发表唁文，盛赞他生前的业绩。

《沪大月刊》上刊登的《悼钱振亚教授文》写道："伟哉钱君，京江甲第，秀毓金焦，天资颖异，下帷攻苦，志切钻研，学行超卓，独冠时贤，更求深造。负笈美邦，奋发淬励，几易星霜，教宗基督，敬天爱人，慈祥恺恻，与物为春，吾主有言，布施者福，非以役人，乃为人役。君本此训，辟设沪东，解纷排难，嘉惠劳工，登堂说教，识大声宏，词源倒泻，四座春风，辛勤十载，有如一日。人无间言，忠诚笃实，躯干魁梧，况值盛年，一齿之累，遽返于天。"[③]钱振亚作为早期的社会工作学者，其学术修养和实务经验为中国社会工作教育提供了良好的借鉴，值得深入研究。

① 记工编著：《历史年鉴：1930》，吉林文史出版社，2006年，第58页。
② 钱振亚：《工人娱乐》，《民生》1933年第1卷第18期，第8页。
③ 楞公：《悼钱振亚教授文》，《沪大月刊》1934年第2卷第1—2期，第25页。

02

吕 思 勉

沪江丙寅年刊序[①]

◆吕思勉

乙丑之秋，予讲学于上海之沪江大学。明年夏，学生之毕业者，记其在校之事，暨学校二十年来之概况，名之曰丙寅年刊。将授梓人，请序。

序曰：凡事不惟其名，惟其实。吾国之有大学，莫盛于东汉之世；游学者至三万余人，后此未之有也。然卒无救于汉之敝；而十四博士之学，且忽焉无传于后，何哉？予读荀仲豫之论，而后知其故也。仲豫之谴时人也，曰："上无明天子，下无贤诸侯；君不识是非，臣不辨黑白；取士不由乡党，考行不本阀阅；多助者为贤才，寡助者为不肖。民知富贵之可以从众为也，知名誉之可以虚哗获也；乃才不修道义，不治德行；讲偶时之说，结比周之党；汲汲皇皇，无日以处。既获者贤已而遂往，羡慕者并驱而徙之。"遂至"师无以教，弟子亦不受业"。当时所谓游学之士，得毋此曹？故范蔚宗谓其"章句渐疏，多以浮华相尚"邪？盖自公孙弘说听乎武帝立五经博士，为置弟子。一时执经请业者，非太常所择，则令相所上也。光武明章，好尚儒雅。下车之始，首建辟雍。功臣子孙，四姓未属，亦立

---

① 本文原载《沪江年刊》1926 年第 11 卷。标点、段落为编者加。

小学。梁后临朝，又诏大将军至六百石，悉遣子入学。而金张之胄，许史之胤，始皆褒衣大袑，群集帝学矣。世禄之家，鲜克由礼；重以悠悠道路之士，其务哗世取宠固宜。外自托于被发缨冠之谊，内以便其立名徼利之私，卒致激成党锢之祸；面以东京章句之盛，亦且泯焉无传于后，岂足怪哉？盖圣人知不危身，故危行而言孙。故孔子之作《春秋》也，定、哀之间多微辞。然观于古固可以知今；我欲托诸空言，不如见诸行事之深切著明也。秋霜降者草华落，水摇动者万物作；内乱不已，外寇间之；有东汉而后有三国，有三国而后有五胡之祸，微夫悲哉！其行事亦足以鉴矣！

君子之立于世也，必明于真是非，而又有确乎不拔之概。故曰："知及之，仁能守之。"知及之，仁能守之；然后彼之以毁誉而不回，临之以祸福而不惧；夫然后内无愧于心，而外可以有为于天下。故曰："君子以独立不惧，遁世无闷。"剥极则复，贞下起元，为之基者，则贤人君子之所以自处也。

愿与吾党之士共勉之。武进吕思勉序。

贯通古今的史学大师

　　吕思勉，字诚之，江苏武进人，1884 年生于一个读书仕宦世家。家族出过多位状元和举人，其父吕德骥著《抱遗经室读书随记》及诗集若干卷，母亲程梫著有《逸秋诗钞》《读书随笔》。吕思勉知识渊博，著作等身，在国内外史学界享有盛名。教书育人，桃李天下，曾先后两次执教于沪江大学。

　　吕思勉早年在父母师友指导下系统阅读经学、史学、小学、文学等各种文史典籍。他 6 岁跟从薛念先读书，8 岁读《纲鉴正史约编》《纲鉴易知录》《日知录》《廿二史札记》《经世文编》等，"亦觉甚有兴味"[1]。16 岁赴江阴应小试，中秀才，入阳湖县学。这段时间，他陆续阅读了《资治通鉴》《前汉书》《后汉书》《四库全书总目提要》《三通考辑要》《通典》《通志》等 20 余部重要的文史书籍。[2] 历史学家屠寄返乡讲元史，吕思勉受其启发，又读了《辽史》《金史》《元史》，并将其他诸史补读。23 岁时，他已把二十四史读了一遍，立下了研究历史的志向。

---

[1] 吕思勉：《三反及思想改造学习总结》，载《吕思勉遗文集》（上），华东师范大学出版社，1997 年，第 434—452 页。

[2] 张耕华：《人类的祥瑞·吕思勉传》，华东师范大学出版社，1998 年，第 16—18 页。

1905 年，吕思勉在常州私立溪山两级小学堂讲授国文、历史，开启了他一生的教书和著述生活。吕家食指繁多，渐渐入不敷出，父母相继去世后，吕思勉挑起生活重担，"乃真不得不借劳力以自活"[①]。1907—1920 年，他来往于上海、沈阳、苏州、南通、常州，先后在苏州东吴大学、常州府中学堂、南通国文专修馆、上海私立甲种商业学校、国立沈阳高等师范学校任教，教过历史、公文写作、应用文字、商业地理等课程。1917 年，吕思勉到上海中华书局任编辑，写了《国耻小史》《中国地理大势》等多本通俗读物，受青年学生欢迎，连续再版。1920 年，他在教学讲稿基础上，写成了《白话本国史》，这是我国第一部白话本通史著作。1923 年，吕思勉到江苏省立第一师范学校专修科任教。同年，《白话本国史》由商务印书馆出版发行，其后不断再版，成为 20 世纪二三十年代发行量最大的一部中国通史，也是中国史学界第一部系统的新式通史。

沪江大学作为教会大学，一向注重英文，学生精通英文，但国文水平滑坡。1924 年，沪江大学聘请著名新派学者朱经农任国文部主任，以改革国文教学，使之符合学生和社会的需求。1925 年，经朱经农介绍，吕思勉到沪江大学任教，讲授中国哲学史和中国文字学等课程。理学是中国古代思想史研究中一个较难的领域，学者数量众多，学案内容繁重，初学者不易入门。他自己编写"宋明理学"讲义，几年后在讲义基础上出版了《理学纲要》一书。吕思勉对文字学的研究始于 17 岁，受丁桂徵"欲求学问，必多读书，欲读古书，必先识字"的影响。[②]他在沪江大学授课之余，把《中

---

① 吕思勉：《自述》，载俞振基《蒿庐问学记：吕思勉生平与学术》，生活·读书·新知三联书店，1996 年，第 220 页。

② 吕思勉：《文字学四种》，上海教育出版社，1985 年，第 239—240 页。

国文字变迁考》《字例略说》《章句论》《说文解字文考》四部文字学方面的研究手稿写成专著《文字学四种》。还写作了《非攻寝兵平议》《历史上之民兵与募兵》《毁清宫迁重器议》《汪孺人传》，前两篇刊于《天籁报》（上海沪江大学廿周年纪念特刊）上。1926 年，吕思勉为《沪江年刊》作序，勉励沪江学子："知及之，仁能守之；然后佽之以毁誉而不回，临之以祸福而不惧；夫然后内无愧于心，而外可以有为于天下。"①

吕思勉从小对下棋感兴趣，七八岁就喜欢看棋谱。20 岁参加南京乡试，每次出场后就去夫子庙茶肆观人弈棋，至晚而归。在沪江大学执教时，他结识了有"棋王"之称的谢侠逊，与之通信探讨棋艺。两人的通信刊登在《上海时报》的《象棋质疑栏》上。他对棋艺的爱好延续终生，71 岁时在日记里写道："至大庙弄人民银行交电费，拥挤，至顺兴，拟小坐复往，与浦寿观围棋两局，遂过银行办事时矣。"②

1925 年，上海爆发五卅惨案，圣约翰大学及其附属中学爱国师生举行罢课，并下半旗致哀。美籍校长卜舫济从中阻挠，激起师生义愤，500 余人愤而离校，筹谋自办学校，得到王省三、张寿镛、朱经农等社会各界人士支持，成立光华大学。吕思勉时在沪江大学，"沪江风气，远较从前之东吴为佳，但予在教会学校中，终觉气味不相投"③。1926 年 8 月，吕思勉沪江大学任职期满，遂赴光华大学任教。光华大学后设历史系，他担任系主任兼教授，开设中国通史、中国近代史、中国文化史、中国社会史、中国民族史等课程。

---

① 吕思勉：《沪江丙寅年刊序》，《沪江年刊》1926 年第 11 卷，第 1 页。
② 李永圻：《吕思勉先生编年事辑》，上海书店，1992 年，第 336 页。
③ 吕思勉：《自述》，载俞振基《嵩庐问学记：吕思勉生平与学术》，第 221 页。

1937 年日寇侵占上海后，租界成为孤岛。吕思勉除在光华大学任教外，曾先后在当时租界中的沪江大学、诚明文学院等校兼课。[①]他在任教之余，专心闭户著书。1940 年完成《吕著中国通史》，开宗明义："颇希望读了的人，对于中国历史上重要的文化现象，略有所知，因而略知现状的所以然；对于前途，可以预加推测，因而对于我们的行为，可以有所启示。"[②]孤岛时期是吕思勉写作和教学最为忙碌的时期，抱着书生报国之志，他写下了大量史学著作和论文，还用笔名写了一系列谴责日军侵略的文章。

1941 年 12 月 8 日，太平洋战争爆发，日寇侵入上海租界，物价飞涨，各行萧条。他在信中写道："此间情形近又大变，米已卖到二百元左右（前此洋米不及百五十元，今已无有矣）。……弟本在光华教授，去年尚兼沪江大学及诚明文学院之课，现此三校皆已停办，仅有补习功课，勉强支持，殊难持久，亦思去沪。"[③]吕思勉不愿在沦陷区生活，1942 年返回常州故里，在青云中学和辅华中学教书。

抗战胜利后，光华大学复校，吕思勉重返光华。1951 年，全国高等学校院系调整，光华大学并入华东师范大学，他在历史系任教并任终身教授。1957 年 10 月 9 日，吕思勉病逝于上海华东医院。10 月 13 日，他的生前好友于上海万国殡仪馆为他举行公祭大会。

斯人已逝，风范长存。吕思勉尽瘁史学，与钱穆、陈垣、陈寅恪并称为"中国现代四大史学家"。他早年致力于中国通史研究，出版《白话本国史》，对当时的历史研究和教学影响深远。此后，在教学过程中写了《经子

① 吕方：《吕思勉先生学术年表》，载吕思勉《秦汉史》，商务印书馆，2017 年，第 883 页。
② 吕思勉：《吕著中国通史》，新华出版社，2016 年，绪论第 6 页。
③ 李永圻：《吕思勉先生编年事辑》，第 198 页。

解题》《理学纲要》《宋代文学》《先秦学术概要》《史通评》《中国民族史》《中国通史》等著作。到晚年，专注断代史研究，先后写成《先秦史》《秦汉史》《两晋南北朝史》《隋唐五代史》等四部断代史，其中《隋唐五代史》写作耗时十年之久。他治学严谨，曾从头到尾把二十四史读过三遍，同时还参考其他历史书作考订。他少时钦佩康有为、梁启超、章太炎，曾写长文纪念他们："真正的学者，乃是社会的、国家的，乃至全人类的宝物，而亦即是祥瑞。我愿世之有志于学问者，勉为真正的学者。"①吕思勉就是这样一位真正的学者。

---

① 吕思勉：《从章太炎说到康长素梁任公》，载《吕思勉遗文集》（上），第401页。

03

余 日 宣

中国需要强有力的外交[1]

◆余日宣

　　一国的外交，不论国之强弱，与其国的盛衰有莫大的关系。当然，强国有武力作外交的后盾，它的外交必更有成效。但即使弱小民族，实在也不能无外交。一般人以为"弱国无外交"，这是根本的错误。因为弱国的武力既不足，倘再无外交以补救之，则国家的前途很少光明。反之，弱国虽无武力，但有声誉隆重、经验宏富的外交家，在国际间为之折冲，倒能为国家争回不少权利。

　　当一八一四年，称雄一世的拿破仑，在滑铁卢战败被放后，诸战胜国集议于奥国首都维也纳，会议尚未正式开幕以前，英、德、奥等国最初不许战败的法国派遣代表参加和会。当时法国的外交部长就是思想敏锐、善于辞令的塔勒兰（Talleyrand），他用"三寸不烂之舌"说服了各强国的君主使臣，特许他出席会议。后来在会议中诡辞骋辩，竟使法国在签订条约时并未受到重大损失！由此看来，强国不能无外交，而弱国则更需要外交。我们中国，此次虽与英、美、苏诸强共同获得最后胜利，事实告诉我

----

① 本文原载《建国》1946 年创刊号。部分标点为编者加。

们，我国在教育、政治、外交、财政、交通、军事、科学等各方面尚须特别努力。

我国今日在外交方面，比较逊清，固然有很显著的进步，但同列强比较，我们仍然落后。所以我们应立刻加强外交，并且应从三方面着手：

第一，须加紧训练外交人才。试看我国有数的几位"外交老手"，其中多半在求学时代并非专门研究政治外交的。他们之所以成为"外交老手"，几乎完全靠他们在外交上多年所得的经验。在外交不紧张的时候，我们这样训练外交人才，尚无大害，但是目前是外交吃紧的时候，"联合国"业已成立，五强外长会议势必常开，太平洋许多问题正等待"远东顾问委员会"设法解决，不久恐怕还要举行"四强会议"，这真是国际多事之秋。办理外交，一言一行，都是举足轻重，怎能像从前拿驻外使馆当作实验室去训练我们的外交人才呢？我国现在驻外的大使公使，尚有不少是缺乏政治外交学识经验的，他们以下的秘书参赞，更是"滥竽充数"。以这般不学无术之辈，去对付他国富有学识经验的外交专家，怎能得到外交胜利？所以我们要训练外交人才，刻不容缓的。至于训练的方法，不外选择优秀青年，派往国外著名大学专门研究政治外交；或在国内设立外交专门学校，特别训练外交人才，毕业后，分派他们到国外使馆及国内各外交机关去实习。

第二，须加紧鼓励国外宣传，使各盟邦对于我国有更深切的认识。现在欧美人民，尚有许多对于我国数千年的历史文化、哲理道德不甚明了的。更有对于我国近数十年在学术、在政治、在实业、在商务各方面的进步不甚了解的。他们目睹耳闻的，只是我国政府中腐化及民族性的劣点。所以我们要迅速派遣一般具有学识经验、能说能写的学者，到各国去做宣传。这当然不必言过其实，但须将我民族的各优点尽量宣传。同时将我们的弱点尽量解释，以取得他们的同情和协助。自然国外宣传工作，需要充足的经费和灵通的消息，这两项非我国政府完全负责不可。

第三，须如繁提倡国民外交。我国已往的外交，是纯粹"政府的外交"。外交的方针由政府决定，办理外交的人，不知民意，不管舆论。遇到倔强的对象，只知让步屈服，所以近百年来与外国订立了许多辱国丧权的条约，使我国在各方面受到束缚，有的至今仍未解。晚清之际，尝有人说："中国人民怕中国官吏，中国官吏怕洋人，洋人怕中国人民。"这三句话很值得我们玩味。所谓"洋人怕中国人民"者，是外国人怕中国的民气，我们既知"民气"是我们对外的武器，就当设法使这武器愈加强化。当一九二一至一九二二年华府会议期间，我国人民深怕政府外交应付的量不足，就特派"国民外交代表"二人，前往美都，作我国政府外交代表的后盾，加强他们的勇气。国民外交代表抵美后颇引起各国代表及美国人民的注意和好感，结果甚为圆满，至今国人印象犹深，所以我们希望，此后如有重要国际交涉，政府方面当然会派外交能手去参加谈判，同时人民方面亦应派在野名流为"国民外交代表"去代表人民贡献意见，并作政府的后盾。

以上三点，依愚见宜早付诸实行。我国在武力方面既落人后，在外交方面，应夜以继昼，向前迈进，否则我国新近以最大代价换来的头等国地位，恐怕要"朝不保夕"了。

从清华大学到沪江大学的政治系教授

余日宣，沪江大学政治系教授，政治与历史学系主任、文学院院长、学校校务委员会主任、行政委员会主席。原籍湖北蒲圻，1890 年生于武昌。父亲余文卿早年皈依基督教，任汉口圣公会会长。哥哥余日章曾参加武昌起义、华盛顿会议，是中国基督教运动的重要领袖。

1901 年春，余日宣考入由圣公会创办的文华书院，1906 年冬毕业。1907 年春升入文华大学，1911 年获文学学士学位，毕业后留校任教。

1912 年夏，余日宣考入清华学校。1913 年适逢二次革命，未能选送出国留学，故执教于北京圣公会创办的崇德中学。一年后赴美深造，在威斯康星大学读研究生，专修政治。1916 年转入普林斯顿大学政治系，1917年获政治学硕士学位。同年，余日宣进入哥伦比亚大学学习政治，兼习教育。学习之余，他还担任《中国留学生月报》总编辑。

1918 年秋，余日宣归国。他先到文华大学任教，不久赴南开中学并任教务长。在南开中学任教时，周恩来、吴国桢曾是他的学生。

1920 年，余日宣从天津来到北京，在清华学校担任政治学教授。他是清华政治学系首批教师之一，后来又成为第一任系主任。在清华 8 年，余日宣开设了公民学、比较法制、政治学及远东政治等课程[①]，历任政治学教授、系主任、学校教务长等职。

余日宣在清华属于参与意识很强的少壮派成员。1925 年 4 月，外交部批准清华学校大学筹备委员会提出的《清华大学工作及组织纲要（草案）》《北京清华学校大学部暂行章程》。《暂行章程》规定设置校务会议。校务会议由曹云祥、张彭春、吴宓、梅贻琦、余日宣等 10 人组成。[②] 可见余日宣此时处于权力核心。1928 年夏，北伐军逼近北京，人心惶惶，清华园也躁动不安。6 月，奉军退出北京，清华校长温应星向外交部请辞，余日宣随即被北京政府外交部指派为清华学校代理校长。8 月，蒋介石秘书罗家伦出任清华校长，余日宣担任教务长。9 月，余日宣、杨光弼、赵学海等人受学生会包围住宅的影响，辞职离开清华。

1930 年，余日宣应刘湛恩邀请到沪江大学任教，直到 1952 年才离开。在沪江大学 20 余年，他经历了刘湛恩带领下学校的蓬勃发展、日军占领校园后搬到城中区商学院办学的捉襟见肘、沪江书院"保存火种"的坚守期盼以及重返杨树浦校园的喜悦激动，沪江大学深深印刻在他的记忆里。

1935 年，余日宣接替沪江大学政治与历史学系创始人韩森任系主任，此后他逐渐使该系以国际关系为专业特色。1936 年 8 月，沪江边疆问题研究社为了解"真正的中国面貌"，发起组织了一个 18 人的考察团，余日宣率领学生前往西安考察，会见了时驻西安的海陆空军副总司令张学良。[③] 太平洋战争爆发后，日军占领租界，沪江大学被迫停办，沪江大学同学会创

---

① 陈新宇：《水木法意：制度·人物·文化》，九州出版社，2021 年，第 8 页。

② 清华大学校史研究室编：《清华大学九十年》，清华大学出版社，2001 年，第 34 页。

③ 《团结报》编辑部编：《张学良的往事和近事》，岳麓书社，1986 年，第 172 页。

办沪江书院，院务会由朱博泉、余日宣、郑章成等 8 人组成。政治系改称社会科学系，余日宣担任系主任。他与其他老师共同守护和保存了"沪江火种"。

抗日战争胜利后，沪江大学复校，余日宣接任文学院院长，并继续任政治系主任。他与韩森、蔡尚思被学生们称为"三剑客"，"各显神通和本领，担负起政治系三角形的一边"[1]，使该系颇有特色。他毫无主任的架子，"常爱与同学接近，凡同学有事至其府上，常常一坐就坐上数小时，听他滔滔不绝地畅谈"[2]。余日宣关注国内政局，1946 年在《建国》创刊号上发表《中国需要强有力的外交》一文，呼吁尽快推进外交事宜，维护中国国际地位。1948 年，沪江大学教务长林卓然退休，余日宣又兼任教务长。

1949 年 5 月 27 日，杨树浦宣告解放。6 月，常务校董会议命余日宣和张春江、蔡尚思组成行政委员会，暂时行使校长职能。8 月，余日宣和蔡尚思、张春江等 5 人被选为常务委员，余日宣任主任委员，任期一年。1950 年，他致信周恩来，希望组织沪江大学教授赴北京考察学习。革新后的校委会在暑期组成以教授为主的 20 多人的学习团，由余日宣任团长，参观访问北京大学、清华大学和燕京大学等学校，并得到周恩来的热情接待。12 月，上海基督教抗美援朝爱国行动大会召开，余日宣在会上传达了上海各界抗美援朝保家卫国代表大会的决议以及精神。

1951 年 2 月，在余日宣的支持和配合下，沪江大学改为公立大学，接受政府资助。校务委员会成立了处理日常校务的常务会议，由余日宣任主任委员，蔡尚思任副主任委员。1952 年，沪江大学成立思想改造指挥部，

---

① 仇明鹤：《漫谈政治系三位教授》，《沪江年刊》1948 年，第 244 页。
② 王立诚：《美国文化渗透与近代中国教育：沪江大学的历史》，第 364 页。

余日宣任总指挥。

　　1952 年，按照教育部下达的方案，包括沪江大学在内的所有私立大学全部解散。余日宣与震旦大学的胡文耀、圣约翰大学的潘世兹表态支持。他转入复旦大学外文系任教，担任英语语言文学教授。1958 年，余日宣因病去世。

04

涂 羽 卿

原子炸弹爆炸以后[①]

◆涂羽卿

我国八年的抗战[②]、太平洋四年的血斗，在去年八月初原子炸弹在广岛、长崎爆炸以后，就告了一个段落。从此人类又完成了一章可歌可泣的血泪史，世界就走入了一个新时代。这个新时代有它的重要特性，是值得我们注意而深切认识的。

从科学方面看，这个新时代是个原子能的时代。"原子"这个名词，并不是新的，两千多年前，希腊的狄马喀尼托斯[③]已经提倡原子学说。最近百余年的化学皆立于原子理论的基础上。不过"原子能"确是较为新的。四十年前，安因斯坦[④]提倡相对论时才开始有理论上的开端，即原子质量可变为能量。那是战前各物理研究室探讨的对象，他们对安氏的理论已获有相当的证据，然而真正"原子能"的发现，不过是十年前欧战爆发那一年的事情。原子能在短短六年内，已从理论的探讨一跃而达于具体实践的时期，

---

① 本文原载《沪江大学月刊》1946 年第 1 期。部分标点为编者加。

② 抗日战争自 1931 年"九一八"事变起，至 1945 年，历时 14 年，此为旧时提法。——编者注

③ 即德谟克利特。——编者注

④ 即爱因斯坦。——编者注

这是自有科学以来所未有的奇迹。科学家创造的能力向来是伟大的，但其速率之高，是往昔所没有的，足见原子能的时代是科学闪电化的时代。

所谓原子能，乃是原子核的能，原子核较原子还要小数万倍。[①] 一杯水的原子能，可供给最大军舰一个月之用；一张火车票的原子能，可供给一辆火车往来的燃料；极小的原子，可能发动极大的工厂和电车网。极小的原料，可发生极大的能量。原子能的时代，是"能"的革命化的时代，是物质繁荣找到了新门径的时代。

一颗很小的炸弹，能使几十万人口的广岛、长崎在顷刻之间化为灰烬。城市内整个交通网（电话无线电、电车、汽车、自来水等）在数分钟内毁灭殆尽，爆炸的火焰冲达云霄，炸裂闪光的强烈，远过正午的阳光，钢铁可化为蒸汽，数里以外的房屋树木，为其飓风所吹倒。所以我们敢说，原子能的时代，是个惊人恐怖的时代。

若将原子能用于建设的途径，物质生活的丰盛真是无可限量，衣食住的问题尽可迎刃而解。原子遍地皆取之无尽，用之不竭，原料可无顾虑，亦可不必争夺，商场亦不必侵占夺取，贫富阶级亦可减少其严重性。由物质竞争而产生的各种斗争，即可减少其敌对性，战争亦有避免的可能，真正的和平既可实现，基督教"天国"亦可望实现于人间了。

反之，如将原子能用于破坏之途，则人类即有自灭之可能，整个文化亦有沦亡的可能。繁荣的大都市可能在一刹那间化成焦土；数百万无辜的人民，可能在不知不觉间同归于尽。所谓新时代，或可变为世界的末日，无论比客尼原子弹试验的结果如何，军事专家对此将作何种解释，广岛、

---

① 此说法有误。原子核体积占原子体积的几千亿分之一。——编者注

长崎的事实俱在。世界第二次大战之物质、财产、生命等之损失，在予吾人以可怖之警告，因电式的战术将更加闪电化，攻击的目标将更加广泛，防卫的战术将更不可靠，原子能的威胁是不容我们加以轻视的。

从社会方面看，这个新时代是社会世界化的时代，"一个世界或没有世界"是研究制造原子弹的科学领袖所著的一本书的总题，"联合国组织"也是战后政治的总目标。超速的飞机、火箭的炸弹、长距离的空中堡垒、无人的轰炸机，已将高山大海的间壁化为乌有。"驼背"的飞越，已成事实；希玛拉山①之高壁，已失去其保卫力；太平洋的大海，已缩成小小的湖塘；地球对面的土地，已变为亲邻的邻舍。"孤独主义"已粉碎无存，整个世界的人类已变为有福同享、有祸同当的大家庭，一国有事，万国有事，一国的问题已变为全球的问题，局部的震动可遍布全世界。希腊选举的结果可能影响世界政治的潮流；狄妥特的机车罢工，可能影响全球的经济；罗斯福的死、丘吉尔的下野，足以改变全世界的政治动向；狭窄的国家主义和极端的民族主义，在新时代的世界里已失去了它的意义；国家的主权和民族的尊严，也已失却了它们的绝对性。一句话：新时代是世界整个化的时代。

从社会方面看，这个新时代也是一个民主的时代，这话也许有人不信。第一次世界大战的标语"保障世界的民主"，虽会号召一时，亦仅仅是一个口号而已。威尔逊的民族自择的原则，以及国际联盟的机构，亦不过是纸上谈兵、学者的理想而已。二十年后即爆发了第二次的世界大战，民主的口号又卷土重来，所谓民主与法西斯主义的斗争，又转到人们的耳鼓里。所幸战事既已结束，法西斯主义一部分的势力确已推翻，但是民主主义是

---

① 即喜马拉雅山。——编者注

否得胜，是否有充分的保障，确实还是一个问题呢！目前原子能的破坏力虽已有把握，已有发展的气象，但原子能的建设力尚在幼稚时期，能否发展到最理想的地步，尚属疑问。我们应当注意的，不是科学能力的疑问，而是科学家在现在这种社会环境中能否有机会去发明原子能的机器来作建设的工具。老实讲，世界政治社会严重的问题一天不解决，科学家的这种机会就一天不能得到。原子能的问题，是大众人民的问题，是人民的生死存亡的关键，这种伟大的能力，决不能为少数的侵略者和自私自利者所操纵。日本的军阀、希特勒和墨索里尼等虽已推翻，世界上同样的势力并未因此完全消灭，人类的前途仍未见光明。危险依然有一触即发之势，惟有运用真正的民主方法，才有避免这种危险的可能。世界第二次大战的结果，促使世界多数人民对于民主的要求和活动，同时又因为原子弹的爆炸，促成了世界各方对于民主势力的迫切的需要，民主的势力愈能普遍，愈有抬头的机会，原子能的建设性愈能发挥，人类的幸福亦愈有保障。反之，如果民主的势力愈加削弱，愈加没有抬头的机会，则原子能的破坏性便愈加发挥，人类的苦难亦必愈益加深，世界的末日便愈趋愈近。新时代是科学家与政治家携手的时代，从前的科学家所拥护的是孤独主义，只在实验室里埋头苦干，不问自己汗血所换来的发明怎样听人使用。现在则不然，发明原子弹的一般著名的科学家，已大发言论，唤起人民注意这新时代的危机。从前的政治家也只抱狭窄的眼光，只怕本国的利益，只要自己繁荣，不管人家的穷苦；只图自己土地的扩充，不顾人家的需要；只知巩固自身的地位，不想到人家的利益与权利。但是现代所需要的政治家是一般眼光远大的领袖，完全以世界人民的利益为前提，用科学家客观冷静的态度去追求真理，以事理论，排除一切成见和偏意来建立民主的基础。

新时代的世界是一个不可分离的整个的世界，原子能已将世界的人民不分国际、不分种族、不分宗教、不分主义，成了一个整个的大家庭，有福必当同享、有祸必当同当的大家庭，或则同享繁荣，或则同归于尽，这种维系世界的力量，除了能在民主主义中找到以外，别处是没有的。

新时代已经来临了，原子能的力量也已经有目共睹了，前途竟是光明或黑暗，在乎人们的努力怎样了。科学家已在那儿等候着，愿意贡献他们的一切，利用新时代的物质能力，替我们造了无限的幸福，世界的政治家和一般人民，应该听科学家的警告，也来贡献他们的一切，像科学家那样的苦干努力，来建立民主的基础和机构，以保障世界的和平。查我国的科学向来是落后的，民主运动亦甚幼稚。在这个新时代之中，应该迎头赶上，来做联合国的后盾，世界和平有了保障，那不单是有益于中国人民，同时亦能为世界人民谋幸福。这个责任是何等重大，工作是何等的艰巨迫切，愿全国有志之士，感觉到时间的迫切、责任的重大，而急起直追，国家前途，世界幸福，实利赖之。

浩然正气的物理学家

涂羽卿，湖北黄冈人，著名物理学家。沪江大学物理系教授兼系主任、圣约翰大学校长、中华基督教青年会全国协会总干事。1895 年出生在湖北黄冈的一个基督教家庭，父亲涂松山是循道公会牧师。

涂羽卿自幼家境贫寒，小学和初中在汉阳的教会学校读书。1906 年，就读于武昌博文书院，毕业后留校担任英文教师。1913 年，他投考清华学堂，因成绩出色，一年后即赴美留学。

涂羽卿到美国后初入卫斯理安大学，二年级改习理科；后入麻省理工学院，主攻土木工程。1918 年 6 月，获硕士学位。他进入纽约铁路总站实习，并主编中国留美学生青年会的机关报《留美青年》。①

1919 年，涂羽卿归国，先后在南京高等师范学校及东南大学任教。1925 年 3 月，孙中山先生去世，国民政府决定在南京修建中山陵以示纪念。涂羽卿和其他工程人员负责修筑市内通往中山陵的林荫大道。这是他回国后参与的第一项工程，也是唯一一项工程。之后，他把一生的心血都献给

---

① 余日宣：《涂君羽卿传略》，《香港青年》1935 年第 3 卷第 23 期，第 1 页。

了他热爱的教育事业。

1927年，南京惨案爆发，涂羽卿来到上海，开始担任沪江大学理学院物理学及数学教授。他讲课生动活泼，条理清楚，深入浅出。凡是听过他课的学生都记得他的启发式教学方法。他不仅重视理论，而且强调实践，训练学生把动脑和动手结合起来。为了教学和科研需要，他亲自制作了许多实验设备。他还经常带领学生到真如电台、上海电力厂、大华电表公司、华生电扇厂、夏士莲制冷厂等参观学习，学生学到了在课堂上难以学到的知识。

1930年，涂羽卿获洛克菲勒基金会奖学金，再度到美国深造，师从芝加哥大学阿瑟·霍利·康普顿教授。阿瑟·霍利·康普顿是美国著名物理学家，因发现展示电磁辐射粒子性的康普顿效应而获得诺贝尔物理学奖，还与恩利克·费米等人协作，建立起人类第一台核反应堆"芝加哥一号堆"。涂羽卿在阿瑟·霍利·康普顿的指导下攻读原子物理，1932年获物理学博士学位。

涂羽卿归国后继续在沪江大学任教。他身材颀长，气质儒雅，才华横溢，有时显得严肃，深得学生敬爱。学生在文章中回忆向他请教问题时的情景："我走到科学馆物理办公室，一见到他就有些胆小，因此结结巴巴，没有把问题说清楚。见我这副狼狈相，他和蔼而又严肃地说：'我听懂你的问题了。不过你自己是否已经深入思考去解决这个问题？不要从我这里得到答案。要用你自己的智慧，从参考资料、教科书和实验体会中去探索答案，然后再到我这里和我共同讨论。'"[1]他的教导使学生终生受用不尽。

抗日战争全面爆发后，日寇占领上海。8月12日傍晚，刘湛恩校长紧

---

① 朱铁蓉：《缅怀我尊敬的师长涂羽卿博士》，载上海理工大学档案馆编《沪江校友忆沪江》，第229页。

急通知全体教职员工撤离。涂羽卿夫妇带着 4 个年幼的孩子，连夜躲到上海法租界。沪江大学因地处杨树浦，濒临黄浦江，校园被日军占领。涂羽卿在沪江大学居住了 10 年之久的家，被日寇洗劫一空。沪江大学 2 300 余名师生被迫转移至位于圆明园路的真光大楼。圣约翰大学在南京路临时校舍建立了图书馆和实验室。沪江大学、东吴大学等学校便与圣约翰大学联合起来，租下南京东路的慈淑大楼，合办"华东基督教联合大学联合图书馆"。涂羽卿每天挤公交车到南京东路教课，一直维持到抗战胜利。

抗日战争期间，涂羽卿除了在沪江大学任教外，还担任中华基督教青年会全国协会代理总干事的职务。抗战胜利后，他被任命为中华基督教青年会全国协会副总干事，参与战后恢复青年会的工作，为中华基督教青年会全国协会起草恢复工作的规划。虽然局势动荡，他仍然关注物理学界最新动态。1946 年，他在《沪江大学月刊》上发表《原子炸弹爆炸以后》一文，阐述原子能力量对这个时代的重要影响。

1946 年 6 月，涂羽卿出任圣约翰大学校长。此时正值解放战争时期，国民党发动内战，政府腐败不堪，全国学潮汹涌。美国主教要求涂羽卿镇压学潮，他不顾强大的压力，坚持民主治校，保护学生。1948 年，涂羽卿被迫辞去校长职务，到中华基督教青年会全国协会担任总干事。

1950 年，沪江大学校长职务空缺。校董会提交了三位候选人名单至华东教育部门审批。除了涂羽卿外，还有刘湛恩校长遗孀刘王立明女士和圣约翰大学教授陈仁炳博士。审批结果是，同意涂羽卿出任校长。在有了圣约翰大学的惨痛经验后，涂羽卿婉拒任命，仍留在了青年会全国协会总干事的职位上。[①]

① 李宜华：《献身祖国教育事业的前上海圣约翰大学校长涂羽卿博士》，《炎黄春秋》1996 年 9 月，第 65—69 页。

同年，涂羽卿等 40 名基督教人士发起《三自宣言》，成为中国基督教三自爱国运动的早期倡导人之一。他还担任中国基督教三自爱国运动委员会常委，以及第二届、第三届和第四届全国政协委员。

1952 年以后，涂羽卿担任南京师范学院、江苏师范学院物理系教授，又被好友陈鹤琴推荐，担任上海师范学院物理系主任。1975 年不幸病逝。

1979 年 11 月 2 日，上海师范学院在龙华殡仪馆为涂羽卿举行追悼大会。中共上海市委统战部、上海市宗教事务管理局、上海市教育局、上海师范学院，以及涂羽卿的亲友敬献了花篮。上海师范学院党委统战部部长在悼词中追述了涂羽卿一生致力于科学文化教育事业，为国家做出了重要贡献，褒扬了他生活俭朴、作风正派、平易近人、诲人不倦的高尚品格。为师，一丝不苟，循循善诱；为民，一片丹心，赤诚爱国。涂羽卿的一生，浩然正气，光明磊落，是令人钦佩的大教育家。

05

章乃器

读书与救国[①]

◆章乃器

"读书不忘救国，救国不忘读书。"这是唱得烂熟的老调了；当然，这也是顶合理的一种方法。

但是，倘使到了读书便不可能救国、救国便不可能读书的时候，我们又应该怎么办呢？

自然，到那个时候，我们应该舍读书而救国。国家都没有了，读了书难道是准备做亡国奴用的吗？所以我们应该再加一句话："救国重于读书。"

这里，我不能不指出，有许多人对于"救国"两个字的解释，未免过于神秘化、形式化。我亲眼见了有些青年，认为在目下要谈救国，只好去当义勇军；还有些青年，以为救国必须组织一个救国会。这就和过去有些人认为要表示清高必须披发入山，要皈依佛法一定要进寺院、入庵堂一样。

其实呢，救国是不应该脱离环境的 —— 除非到了万不得已的时候，而且也不一定要挂起"救国"的招牌的。特别是学生们，他们有一个天然的群，在这个群的当中，就可起很大的作用；倒是脱离了这个群，救国反而

---

① 本文原载《沪江大学月刊》1936 年第 25 卷第 2 期。

不容易着手。自然，倘使环境允许我们公然挂起"救国"的招牌，我们应该堂而皇之地挂起招牌来做，使影响可以格外地大；但是，如果环境不允许，我们却不能因为挂不起招牌就率性放弃了救国工作不做。我们在交谊会、同学会、研究会、游艺会……里面，只要是有人群的地方，是随处可以做救国工作的。

比方在开交谊会的时候，我们便可以提出：在国难严重的今日，一切的集会都应该起救国的作用。在开游艺会的时候，我们便可以提出：娱乐不忘救国。我们在当时便可以要求大家静默三分钟，为国难志哀；我们还可以在到会的人当中，举出一位对于时局有深切了解的，做一个时事报告。我们还可以提议请大家做一些可能做的救国工作，如捐些钱、印点宣传品，或者征集一些同志推进平民教育之类。在目下的时候，这一类的提议是必然可以获大众的同意的。自然，我们也得很正确地估计到会者的情绪，而不要提出过高的要求；我们必须保证我们的提议能够恰好地受大众的欢迎。这种方法如能运用得适当，往往在一个通常的集会当中，能起到很大的作用。反之，倘使运用得不适当，也许开了一个救国会，反而得不着什么结果。

要救国必须要组织群众，那是没有问题的。一个人关起房门来，即使一天到晚想救国、喊救国，也是没用的。"涓涓之水"是没有力量的；成了江河，却有排山倒海的巨力。一条麻丝，是很脆弱的；几千万条的麻丝打成一条绳，却可以举重。所以救国的第一要义是组织，然而并不一定要有轰轰烈烈的名义的组织。

要救国必须认清方向。好比拉大车，五个人向左拉，一个人向右拉；那一个人即使费了很大的气力，拉得一头大汗，结果反只有阻碍了大车的前进。又好比开火车，客人要往杭州，倘使把他们开到南京去，结果也是吃力不讨好。开倒车的事情是万万做不得的。比如，在目下，大家都知道只有抗敌可以救国，事实也已经证明非抗战无以图存。倘使少数人再想和敌人妥洽，那结果就只有消耗了大家的力量，在客观上是和汉奸一样。所以，认清方向是救国的第二要义。

要救国，必须把力量配合到整个的救国运动的潮流里去。只要那样，方向便自然不会错，而力量便格外伟大。有些人组织了一个团体，关起大门来做救国工作。那好比是一个池塘，好的也只能养点鱼，坏的便要臭污不堪，养出来许多蚊子！西湖的水是那样地美丽，但是有什么力量呢？它必须冲到钱塘江里，然后能够增加怒潮的力量。还有些人喜欢自己领导一个运动，表现出来与众不同。那便要使整个的力量变成许多的细流，结果也不可能发挥巨力。所以，配合潮流是救国的第三要义。

救国还要有正确的领导。否则，潮流的力量固然大了，但是也许反要淹没田庐，危害人畜。黄河为什么不能变成水利呢？就是因为我们没有好好地去疏导它。正确的领导，是要不使一点一滴的力量消耗在不相干的用途上面，尤其不能有丝毫的自相抵触的损失的。我们主张联合战线，就是这个意义；那就是告诉大家怎样可以消弭内争、团结一气，以对付共同大敌的方法。只有这样，我们才能集中一切的力量，去战胜我们的敌人。所以，正确领导是救国的第四要义。

自然，这四种要义，读了书可以格外容易了解。所以，救国还是要不忘读书。同时，也只有在参加实际救国工作的过程当中，我们才能更明白地体会出来书本上的理论。所以，读了书更要救国。我最后还得指出：有志气的人，是要为救国而读书的。倘使只是为吃饭而读书，那就太没出息了。

从银行实习生到爱国君子

章乃器，原名章埏，因《老子》中"埏埴以为器"，改名"乃器"。沪江大学城中区商学院教授，著名爱国民主人士、"七君子"之一，著名经济学家、会计学家、商科教育家。

章乃器1897年出生于浙江青田的一个乡绅家庭。祖父章楷素有"青田才子"之称，同治年间中举。父亲章炯留学日本，归国后任遂昌、富阳两县警察局局长。

章乃器自幼天性聪敏，诗赋文章俱佳。1913年，考入浙江省立甲种商业学校，勤奋攻读，成绩名列前茅。毕业时被推荐到上海浙江地方实业银行当实习生，1919年离职赴京，1921年重回浙江地方实业银行，后升任副经理。1932年，章乃器联合上海银行界创立了中国征信所，并担任董事长，这是国内第一家由中国人自办的信用调查机构。他为中国征信所主持制定了一套科学严密的工作制度，得到银行和工商企业的欢迎。成立仅3年，中国征信所的会员就由刚成立时的12家增长至154家。[1]

---

① 张学继：《坦荡君子：章乃器传》，浙江人民出版社，2007年，第43页。

1935 年，章乃器受聘担任沪江大学城中区商学院教授。城中区商学院由沪江大学于 1932 年在外滩圆明园路上的真光大楼开办，是沪江大学"职业化"和"平民化"的尝试。城中区商学院几乎没有专职教师，自筹办起就与上海工商界紧密合作，广聘上海名家任教，包括孙怀仁、章乃器、唐庆永、杨荫溥等知名经济学家。章乃器自编讲义，在课堂上以深入浅出的通俗语言讲述深刻的学理，用事实和数据抨击帝国主义的经济掠夺。他讲课切中时弊，又生动活泼，深受学生欢迎。1936 年，他在《沪江大学月刊》上发表《读书与救国》，分析救国的四种要义，即组织群众、认清方向、把力量配合到整个救国运动的潮流里去、有正确的领导，他在文中号召学生理性救国，救国要不忘读书，而且要为救国而读书。[1]

"九一八"事变后，日本占领东北，继续觊觎华北五省。1935 年 12 月，上海文化界由 90 多岁的马相伯老人领衔，章乃器、沈钧儒等 283 人签名发表《上海文化界救国运动宣言》。这个宣言由章乃器起草，简短有力，表达了强烈的救国意愿。为了集中救亡力量，统一救亡行动，1936 年 1 月 28 日，上海各救亡团体举行"一·二八"纪念会，正式宣布成立上海各界救国联合会并筹备全国救国联合会。5 月底，来自全国 60 余个救国团体的代表聚集在上海，秘密召开了全国各界救国联合会成立大会。章乃器执笔起草了成立大会宣言，明确提出："一、以发动一个'举国一战'的决心去应付华北事件；二、立刻发动全国对日经济绝交，根本消灭走私，同时表示抗战决心。"[2] 救国会的活动和影响日益扩大，11 月 22 日，救国会负责人沈

---

① 章乃器：《读书与救国》，《沪江大学月刊》1936 年第 25 卷第 2 期，第 42—44 页。

② 中国社会科学院近代史研究所中华民国史研究室主编：《救国会》，中国社会科学出版社，1981 年，第 83—93 页。

钧儒、章乃器、邹韬奋、沙千里、史良、李公朴、王造时七人被逮捕，是震惊中外的"七君子"事件。章乃器等人议定应对指控的三条基本原则，在狱中坚持斗争。经过各界人士的营救，1937 年 7 月 31 日，"七君子"终于获释。

1938 年，章乃器应安徽省政府主席李宗仁邀请，代理省政府秘书长，不久即担任省财政厅厅长。他清除积弊陋习，惩办贪官污吏，改革税收，发行辅币，很快做到了收支平衡且略有节余。章乃器具有强烈的爱国主义情感，他在安徽期间坚持团结抗日，加强与共产党的合作，为新四军输送和培养了一批财政干部。还以统一税收的名义，为新四军每月补助 3 万银元，有力地支援了抗日战争前线。

1939 年 6 月，章乃器离开安徽前往重庆。1940 年，与上海商业储蓄银行董事长兼总经理陈光甫合作，成立上川实业公司。1944 年，独自创办上川企业公司。1943 年春，在重庆的沪江大学同学会联合东吴大学，成立东吴大学沪江大学联合法商学院。商学院院长由沪江大学毕业生凌宪扬出任，下设会计银行系和工商管理系。章乃器受邀担任工商管理系教授和主任。1948 届学生浦文荣在文章中回忆："他在校担任工管系主任，讲授工商管理。理论联系实际，通俗易解。他又热心引导同学参加社会上有关时事形势的讲座活动。"[1]1945 年，章乃器与黄炎培等人发起成立中国民主建国会，章乃器被推选为常务理事、副主任委员，起草了政纲、宣言等重要文件。

1948 年，章乃器接到毛泽东来电参加新政协筹备会议，次年出席中国

---

[1] 上海理工大学档案馆编：《沪江校友忆沪江》，第 234 页。

人民政治协商会议第一届全体会议。中华人民共和国成立后，章乃器先后担任政务院政务委员兼国家编制委员会主任委员、中央财经委员会委员、政协常委兼财经组长、中国民主建国会中央副主席、中华全国工商业联合会副主委等职。1952年，被任命为新成立的粮食部的部长，参与制定国家粮食统购统销的一系列政策。1954年，章乃器向故宫博物院无偿捐献文物1 200件，向中国人民保卫世界和平委员会赠送文物1 000余件。1957年，在"反右"运动中被打成右派。"文化大革命"中受到批斗。

作为经济学家，章乃器在经营工商企业和从事爱国民主运动时，从未放弃对中国经济和工业发展的思考。他的研究领域广泛，尤其擅长经济、货币和会计理论研究。发表各类论文120多篇，编撰专著和教材20多部[1]，包括经济类著作《中国经济恐慌与经济改造》《中国货币制度往哪里去》《中国经济现势讲话》《中国货币金融问题》等，政治类著作《资本主义国际与中国》《民众基本论》《抗日必胜论》《中日问题》等。

1977年，81岁高龄的章乃器因病驾鹤西去，根据他生前遗愿，遗体捐献给医院作医学研究。1982年，中共中央统战部、中国民主建国会、中华全国工商业联合会举行章乃器骨灰移放仪式，将他的骨灰移放到八宝山革命公墓一室。

---

[1] 陈元芳编著：《中国会计名家传略》，立信会计出版社，2013年，第566页。

06

蔡尚思

通史之重要与中国通史之鸟瞰[①]

◆蔡尚思

本文原标《通史之重要与世界通史之鸟瞰》，现因西洋通史方面未暇拟定，既仅有中国通史方面，故改标今名。

关于本篇之（一）通史之重要方面。尚思在北方求学时，已认定文哲与历史非并治不可；七八年来在沪汉各大学兼任"中国通史"一课程，于是益觉通史之重要，而作种种之主张。前年到南京国学图书馆搜集材料，与史界先进柳诒徵先生谈及个人之主张，始知柳先生之见解，亦多与我不约而同；第不知其他学者，亦以为然否？

关于本文之（二）中国通史之鸟瞰方面。尚思认中国历史最特色者为：年代之久、土地之广、人物之众、事迹之杂、书籍之多，而研究之困难，亦在此。顾其中尤以"划分史期"为最困难，亦最为重要。盖史期一分，即如鸟瞰，一目了然。近代学者，多见及此。就方面而言，如文化、政治、民族、经济、朝代、时间、要点等，皆有人主张；就异点而论，单就社会经济方面而分段落者，已不下数十种。尚思对于此事，虽考虑甚久，而不

---

① 本文原载《沪江大学月刊》1937 年第 26 卷第 1 期。部分标点为编者加。

敢发表。直至去年，始与友人顾颉刚先生函商；不意顾先生极表同意，许为"泛应曲当，多所创获"（见《中国思想研究法》序）。今年春，与其他友人如嵇文甫诸先生讨论，于是对于社会方面之最大标目，又略有修改。今特先将纲目发表，敬希海内学者指正。如有暇暑，尚拟再作"中国史期的分法"一文，以便详细讨论与说明。

（一）通史之重要

历史尤其是所谓通史，其重要约可分为四方面来说：第一，就学科性质而言，通史是普通科、常识科、共同必修科；其他各课程，是专门科、特别科、部分必修科。通史为一切学问之总源或综合，其他各种学问为通史之支流或分析。例如不论研究社会科学、哲学、文学、美术、自然科学……以及专门的史学如史、历史书本考据学、地下考古学等那一专门学者，试问哪一个不要知道历史学，而以史为背景的呢？试就《史记》一书来分析一下，便可证明吾说之不妄了。"如孔子世家、老子韩非列传、孟子荀卿列传、儒林列传等，就是属于哲学经学的；如屈原贾谊列传、司马相如列传等，就是属于文学的；如太史公自序，就是属于史学的；如兵书、司马穰苴列传、孙武吴起列传等，就是属于军事学的；如扁鹊仓公列传等，就是属于医学的；如货殖列传、平准书等，就是属于经济学或商业的；如管晏列传、商君列传、酷吏列传等，就是属于政治学法律学的（《汉书》有刑法志）；如天官书、历书等，就是属于天文学的（《汉书》有天文志）；如河渠书等，就是属于地理的（《汉书》有地理志、沟洫志等）；如乐书、律书等，就是属于美术（或音乐）的；如游侠列传、刺客列传、礼书等，就是属于社会或风俗的；如日者列传、龟策列传、封禅书等，就是属于迷信

113

或宗教的（《魏书》有释老志，《新元史》有释老传）；如匈奴列传、大宛列传、东越列传、朝鲜列传、西南夷列传、南越列传等，就是属于民族史及社会之原料的。……第二，就本国民族而言，龚自珍说得好："灭人之国，必先去其史；隳人之枋，败人之纲纪，必先去其史；绝人之材，湮塞人之教，必先去其史；夷人之祖宗，必先去其史。"（《定盦文集·古史钩沈论》二）故凡中国人，不可不先读中国通史。中国通史者，乃吾国民自家之历史，可以因过去之经验，而求未来之生存者也。其他国家民族，应先读该国之通史亦然。第三，就世界文化而言：例如中国为一资格极老之大国家，其文化与世界极有关系，就是为文化而研究文化，他国人他民族亦有一读中国通史之必要。而中国人对他国的历史亦然。例如西洋为近代文明之主盟者，所以西洋史也是中国人应读的。第四，就著述体裁而言：通史亦非断代史（如《汉书》《后汉书》等）与国别史（如宋、齐、梁、陈、魏、周、北齐各书）所可及。章学诚曾论其优点道："其便有六：一曰免重复，二曰均类例，三曰便铨配，四曰平是非，五曰去抵牾，六曰详邻事。其长有二：一曰具剪裁，二曰立家法。其弊有三：一曰无短长，二曰仍原题，三曰忘标目。"（《文史通义·释通篇》）

我因有见于上述数点，所以主张在现今之大学中，应该另行设立一个史学院，以中国通史、中国文化史、西洋通史、西洋文化史、世界史、世界文化史等课程为其他各学院各学系一年级生所共同必修；如不另设史学院，则指定现有史学系中之重要课程，为一切一年级生之必修系亦可。必须过此一年级后，才许专修其他学院学系之课程。但如专门的史学如考古学、史学史、史学研究法等，则不在内，亦与他种课程同列在一年级后。这是因为过于专门，不是普通人所必须知道的。而中小学校的历史，尤其是中国史亦当和国文并重。

（二）中国通史之鸟瞰

上期 —— 自西周至秦（西周史事，已不甚确，至于以前，更不足信）

（主要）社会方面 —— 原始封建之成立与神权空气之淡薄（西周至战国）

（附一）文化方面 —— 中国固有各家创作与独立的思想极盛时代（春秋战国）

（附二）民族方面 —— 中国的中国时代（黄帝？至秦之统一）

（附三）地理方面 —— 文明中心在黄河流域

中期 —— 自秦至清末

（主要）社会方面 —— 封建社会之转变与君主专制之加厉

（附一）文化方面 —— 由中国各家互相模仿而印度佛学传入混合的思想变化时代（因此时期极长，思想盛时极盛，衰时极衰，不能一概以论，故曰变化或演化；不曰退化与进化。此其一。两汉盛于经学，魏晋盛于道家，隋唐盛于佛学，宋明盛于理学，清代盛于清学，盛于此者衰于彼，盛于彼者衰于此；不能用入主出奴之眼光观察之。此其二。清代之思想，人以为极衰；吾则以为最盛，而且最有价值。今人所谓汉后思想极衰者，多就正统派儒家方面言之耳；其以宋明为盛，亦多就儒家言；不知宋明之理学，实即混学，已非孔孟之儒家矣。此其三。）

（附二）民族方面 —— 亚洲的中国时代

（附三）地理方面 —— 文明中心在黄河长江两流域与渐由黄河流域移至长江流域

中期的上期 —— 自秦至东汉

（主要）社会方面 —— 商人地主与君主妥协时代

（附一）文化方面 —— 中国各家自相模仿与混杂时代（下至魏晋）

（附二）民族方面 —— 本族征服异族时代

（附三）地理方面 —— 文明中心多在黄河流域之西而长江流域次之

中期的中期 —— 自三国至五代

（主要）社会方面 —— 经济政治皆不一致时代（单就经济方面言：其中之北魏至盛唐，实行不彻底的均田；其前之三国晋南朝，与其后之中唐以后至五代，则并此不彻底的均田，亦不能实行。就南北朝言，是一中国，而南北相异也；就唐代言，是一朝代，而前后不同也。至于政治方面，如六朝五代在中国史上，尤最复杂混乱。如由三国而晋，是由分而合；由晋而六朝，是由合而分；由六朝而隋唐，又由分而合；由隋唐而五代，又由合而分；……惟实际亦多陈陈相因耳。）

（附一）文化方面 —— 佛学由传入而主中国思想界时代（固有思想中衰）

（附二）民族方面 —— 本族与异族竞争时代（六朝、五代、唐中叶以后，外较胜；三国、隋、唐中叶以前，华较胜。但隋既为时甚暂，而唐之得国与平乱又多借外兵，且隋唐之皇族臣庶亦多异族杂种之后裔，故皆非秦汉可比。）

（附三）地理方面 —— 文明中心在黄河长江两流域（但唐五代时，珠江流域、闽粤等地，已渐开化。）

中期的下期 —— 自北宋至清

（主要）社会方面 —— 保护地主商人与君主专制之完成时代

（附一）文化方面——由佛学与中国思想正式结合的昌明（宋至明）而至思想的解放（明至清）时代

（附二）民族方面——异族征服本族时代（其中惟明稍能独立，但其版图已不如在其前后统一朝代——元清——之广；又如元清既强大于明，而辽金西夏又占优势于两宋，故统计而比较之，谓此时期为异族征服本族时代，实不为过。）

（附三）地理方面——文明中心多在长江流域之东而黄河珠江两流域次之（实自南宋以后）

下期——自清末至民国

（主要）社会方面——由半殖民地之出现而民主运动之成功（言其运动于清末，而成功于民国也）

（附一）文化方面——中国与欧西正式接触（由交争而混合）及重新创作的思想复兴时代

（附二）民族方面——世界的中国时代

（附三）地理方面——文明中心在长江珠江两流域

上列之表，于必要时，拟将四方面，或社会、文化、民族三方面分开。又此表是以经济为基础，同时仍兼顾其他方面的。如欲纯就经济方面着想，则可只取社会方面的上半截，如：

上期——原始封建社会时代

中期——封建社会转变时代

下期——半殖民地社会时代

注：所谓封建，有经济的与政治的不同。此处系专指经济方面，即"封建社会的生产方法"。

守护民族气节的历史学家

蔡尚思，自号中睿，曾以郭生为笔名，1905 年出生于福建德化，著名历史学家，中国思想史研究专家。曾先后任上海大夏大学讲师，复旦大学、沪江大学、光华大学、东吴大学、武昌华中大学、无锡国学专修学校教授，沪江大学副校长、代校长，复旦大学历史系主任、副校长等。

蔡尚思八岁始入私塾，背诵儒家经书。他从德化县立第一高等小学毕业后，1921 年到永春县省立第十二中学，专研以韩愈为主的古典文学。[①]

1925 年，蔡尚思在报上看到清华研究院招生的消息，便只身到京，因闽南战事影响，错过了清华招生。于是，他便拜望清华国学院四大导师之一的王国维，请教"应当怎样研究经学，要从哪些主要著作入手"，并请梁启超指正评论先秦诸子思想的书稿，梁启超赞扬"大稿略读，具见精思，更加覃究，当可一家言"。[②]王国维和梁启超的勉励给了蔡尚思很大鼓舞，他更专注于研究先秦诸子思想，并开始以中国思想史为研究志趣。同年，考

---

① 王增藩主编：《复旦大学教授录》，复旦大学出版社，1992 年，第 511 页。

② 马学新、张跃铭：《蔡尚思教授走过的道路》，载傅德华、周桂发、施宣圆主编，中共德化县委宣传部、复旦大学历史学系编《世纪学人蔡尚思》，复旦大学出版社，2015 年，第 21—26 页。

入孔教大学研究科；1927 年毕业后，入北京大学国学门研究所。北大国学门研究所师资雄厚，他先后拜师求学于王国维、梁启超、陈垣、梅光羲、蔡元培、柳诒徵等大家，从梁启超治思想史，从王国维治经学，从陈垣治史学，并与蔡元培通信，得到诸多指点。

蔡尚思的儿时经历和家庭情况让他自小痛恨封建礼教。1929 年，他完成《伦理革命》一书，在书里发出了改革封建伦理思想的呐喊，希望打破社会上一切不平等。①1929 年 9 月，经蔡元培介绍，他到上海大夏大学国学系任讲师，又经蔡元培介绍担任复旦大学教授。1931 年秋，离沪到武昌华中大学教书。1933 年，加入由宋庆龄、蔡元培、鲁迅等领导的中国民权保障同盟，争取人民言论、出版、集会、结社等权利。

1935 年秋，蔡尚思回到上海，担任沪江大学特种讲席，教授历代文选、中国通史、中国政治思想史等课程。在沪江大学期间，他写下《通史之重要与中国通史之鸟瞰》，并刊登在《沪江大学月刊》上，文中他论述了通史对于史学研究的重要意义，并对中国历史进行分期阐述，为中国通史研究奠定了基础。

1935 年，中国共产党发表了著名的《八一宣言》，号召全国人民组成抗日民族统一战线。蔡尚思赞成这一主张，并在爱国进步人士欧阳执无的介绍下加入中苏文化协会。1936 年，中共地下党员何伟经常到沪江大学看望蔡尚思。蔡尚思为他秘密传信，天津来信的信封上总写着"上海沪江大学蔡尚思教授转何伟牧师亲启"。何伟还委托蔡尚思保管几张秘密文件，一直到解放后才交给中共党组织。

---

① 晋阳学刊编辑部编：《中国现代社会科学家传略》第一辑，山西人民出版社，1982 年，第348 页。

"八一三"事变前夕，蔡尚思携妻儿从沪江大学校园匆忙躲入租界。除了一两箱史料外，家里所有图书和衣物被迫丢弃。一家四口三迁其居，苦不堪言。为了全家生计，他不得不同时兼任光华、复旦等学校的教授。蔡尚思守护民族气节，坚拒日伪引诱。汪精卫曾派人拿来一尺多长的大请帖，邀请他参加所谓"收回上海租界的隆重典礼"，他拒不出席。国立交通大学拟聘其为教授，他亦置之不理。有人拉他主编日伪一大型刊物，薪俸优厚，被他驳回："心安理得之事，虽毫无酬报，吾亦为之；吾不当为之事，虽并发此钞票之银行而亦送我，终不能稍动吾心。吾可以死，决不为此无人格无理性之工作。"①

1945年日本投降后，蔡尚思不顾自己生活困苦，不惧国民党政治迫害，奔走于各种进步活动中。1946年9月，他和张志让、沈体兰、周予同在中共党组织领导下成立了"上海大学民主教授联谊会"，蔡尚思任干事，兼附设文化研究所常委。为反对蒋介石的集权思想和统治，他冒着生命危险，发表百余篇檄文，痛斥反动政府"为君主而非民主，官生而非民生，治标而非治本，革名而不革实"②，支持各界群众开展反内战、反迫害、反独裁的斗争。

上海解放后，沪江大学校董会命蔡尚思和教务长余日宣、校牧张春江三人组成行政委员会，代行校长职能。后改设校务委员会，蔡尚思任副主任委员，主持日常工作，为把沪江大学纳入新中国高等教育体系做了许多工作。③

---

① 蔡尚思：《蔡尚思自传》，巴蜀书社，1993年，第87页。

② 傅德华、周桂发、施宣圆主编，中共德化县委宣传部、复旦大学历史学系编：《世纪学人蔡尚思》，第26页。

③ 李秉谦编著：《一百年的人文背影：中国私立大学史鉴》第五卷，绝响（1945—1953），第82页。

1952 年，全国高等院校院系调整，蔡尚思被分配至复旦大学历史系并任系主任。1953 年，他正式加入中国共产党。1956—1966 年，又任中共复旦大学委员会委员一职。1962 年起，兼任研究生院领导小组副组长，分管文科研究所。后历任复旦大学副校长、文科学术委员会副主任等职务，兼任上海市哲学社会科学联合会理事、上海史学会副会长、中国史学会理事、中国哲学史学会顾问等。2008 年 5 月 20 日，蔡尚思在上海华东医院病逝，享年 104 岁。

大学如何记忆

文本·书写

07

徐 中 玉

谈欣赏①

◆徐中玉

一

我们每一个人都需要与书籍——不论是哪一方面的书籍——作尽多的接触，我们几乎时时刻刻都渴望着能读到一些好书，而排斥什么也不能启发我们、帮助我们，或者反会戕害了我们的那许多坏书。不错，在恒河沙数的无数书籍里，汗牛充栋的坏书的确不在少数，排斥，甚至严厉地斥责它们正是我们为着要防卫自己的一种正当权利。但在行使这种正当权利的时候，让我们坦白反省一下，我们所据以判定好坏的标准是否完全正确？我们在匆遽之间却就以断然的语气判定的坏书，它们是不是真的那样毫无价值？

每一个人都可能有这种情形，即使他并不是一个轻率的读者，可是总有时会作出非常轻率的判断。枯燥、贫乏、没有趣味，诸如此类的感觉，常使我们对于一本书读不终卷，便怨诟丛集。于是我们就像凭空受到了一

---

① 本文原载《青年学习（上海）》1949 年第 1 期，是徐中玉在沪江大学文艺欣赏晚会席上的演讲。《青年学习》属于青年类刊物，1949 年 3 月创刊于上海，由上海青年学习丛刊社负责出版和发行。部分标点为编者加。

场侮辱、许多欺骗，愤慨世间居然会有如此无聊的人写出如此无聊的书籍。这样的责备自然也有它的理由，而且对于某些真正毫无价值，甚至还要害人的书籍，痛斥本是一种必要；但问题是这样的责备甚至痛斥常常缺乏事实的根据。就是说，我们所感觉的枯燥、贫乏、没有趣味，其实并不是这本书的真相，而只是我们自己的弱点，因为这只是我们自己的"识照之浅"，以致不能够发现出书中的丰富意义来。

在知识的大海洋旁边，惟其我们都是如此浅陋，所以我们总能傲视群籍而不大感到惭愧。我们常常一无所知或所知极少却装作什么都已精通，大言壮语，妄作解人。殊不知所有这样轻率的判断正不过可以暴露了我们自己的庸浅与不负责任。而对着一本难于欣赏的书籍，在怨恨与责备的同时，难道不应该想到自己也应该担负的许多责任么？

站在读者的立场，我们总是严厉地要求作者应该有写得好的能力，这样的要求如果说是正当的，那么要求作为读者的我们自己同时应该具有欣赏得好的能力，显然也是正当的。这两种能力的配合适应才是它们可以进步和发挥出教育意义的保证。如果读者都是糊涂的、粗心粗气的、懒惰不长进的，试问还能从哪里去产生培养出有能力的作者来？

二

作为一个读者所以常常会是糊涂的、粗心粗气的和懒惰不长进的，就因为欣赏原不是一件易事，在欣赏的过程中存在着许多难关，这些难关虽非天险，却亦绝不能轻易渡过。惟其不能轻易渡过，所以那些没有勇气、没有耐心、不肯努力、不肯深入的人便不战而退了。并没有深切的认识，却有夜郎自大的胆量，再加上一种想抄小路以图出人头地的打算，于是他们就可以随意践踏他人的劳绩，以为只要能够踏在人家的头上，就能够显出自己是如何高明了。

欣赏的最大难关是种种色色的偏见。偏见的存在不但分布普遍，而且由来已久，根深蒂固，有些好像已成为我们身体的一部分，几乎无法割除。有钱的看不起穷人，凡穷人所爱好的他们都鄙视；主张贵族或少数人专制独裁的敌视人民革命的思想；信仰基督教的贱视无神论者，同时也反对别种宗教的信徒；国粹主义者盲目排斥外国；士大夫以为他们比逐什一之利的商人一定清高；古胜于今，远胜于近，男胜于女，或者诗胜于文，文又胜于乐……诸如此类，广布在社会、政治、宗教、民族、职业、时代、地域、性别等方面的偏见，真是种种色色，而且日新月异，不能列举。我们每一个人都是在一种特定的阶层环境里出生，并被教养长大的，而由于我们——这个时代的大多数得以受到较多教育的知识分子——的出身大多不是真正的平民，因此在这个人民的世纪里，我们所持有的偏见比较起来就特别多。我们的这许多偏见惟其是从襁褓的时代就接受得来，而在逐渐长大之后，又很可能会亲自体验而以为这种道理确实不错。例如关于私有财产和金钱万能的观念就是如此，所以要避免或改变它们也就特别困难。许多偏见的不易革除是知道了这是偏见而革除的努力还不够，但另有许多偏见的不能革除却是由于在根本上还不知道这原来是偏见。千百年来的传统压在我们的头上，阶级自私的感情植根在我们的心里，这就足够使我们把那些与自己不同的看法想法派作完全不对，而且这样做了在主观上还以为一点也没有不公道的地方。

因为我们有着许多偏见，所以就很难达到正当的欣赏。正当的欣赏要以正确的理解为其基础，偏见则足以妨碍正确的理解。你以为对的也许正是错的，你以为错的也许正是值得赞扬的。你在书中找到了许多自己所同意的主张，你因此而发现了同道，感到一种不谋而合的欣喜，这种欣快的遇合虽然常常被人当作"好书"的重要标志，实际上可不能如此，因为这也许不过是双方偏见的沆瀣一气。

除掉种种色色的偏见，我们所研读的书籍如果在内容上太艰深，自然不能达到正当的欣赏。每一个人只能欣赏他所充分了解、完全熟悉的事物，对于还不能确切把握其真正成就的书籍，我们若不是只感到茫然、乏味，或厌倦，那就一定只能说些空洞不切、含糊影响、似是实非的意见。面对着这样的作品，诚实的人自己承认还不能够完全接受，狡黠之徒则强不知以为知，穿凿附会或者故意歪曲，结果虽可以有滔滔不绝但完全隔靴搔痒，了无是处。内容的艰深是一种情形，内容的陌生又是一种情形，有时表现形式的新奇特致也是一种情形。书里所讲的几乎完全超出自己的经验与知识，我们简直不知道应该怎样对付这种陌生的事物。不知道自然就不能欣赏。同样地，强作解释亦必无济于事。至于形式，传统的形式对我们太熟悉了。因为欣赏起来这种传统的形式可以不费我们多大的心力，于是在潜意识里我们就认为这是一种最好的、理所当然的东西，而给了它太多的信仰。这样，在接触到一种新的表现形式时，我们自然就对它发生了一种抗拒的心理，常常由于"不顺眼"它的形式，便连它所含有的内容也一并忽略了。这样一种心理，固然也可说是偏见使然，但似乎更多由于惰性，它适应着我们好从抵抗最小的一环进行的这一种普遍的弱点。可是如果由它去适应，那就根本谈不到什么正当欣赏了，因为有了新的生活内容，自然就会需要新的表现形式。

欣赏的困难也存在于我们应该欣赏的范围太大。作为一个现代人，我们所需要的知识经验在质与量上都远超过一百年前的人民。我们要知道得比他们更广，同时在每一个问题里我们又需知道得比他们更深。而且我们的观点还常常应该是一个全新的观点，为要达到这种观点，我们甚至还要先经过一番极顽强的改造自我的斗争。我们是生活在一个新时代的开头，这是一个变化最多最快的时代，我们要求更多的知识，可是要把握眼前的变化却多么困难！不要说生活的全局，就是在文艺这一个部分，我们的准备也感觉多么不够！何况也许我们的学习还太松懈，我们仅是匆匆地观察了一下，或者走马看花般地浏览了一遍，甚至这样做的时候还正值身心疲乏、心神都不能作有效运用的时候。

这就是欣赏的过程中存在着的一些难关的轮廓。它们矗立在那里，关塞极天，高入云表，使我们感觉心寒、气悸；但那高处的风光，那翻山越岭的野趣，那人迹罕到之处的新奇景物，却也不能不使我们油然生起一种向往、眩惑之情。

<h2 style="text-align:center">三</h2>

要渡过欣赏的难关，只有扩大欣赏的基础。

偏见的最大来源就是无知，或者知道得太不完全。因此如要避免或革除偏见，一方面固应加紧学习，以求更丰富更多面的知识，另一方面就不能不有赖于正确的世界观、正确的认识方法的指引。欣赏的过程其实也就是认识的过程，有了这种观点和方法的指引，就能使我们在认识事物的过程中真正地看出哪些是歪曲了事物的本质的，哪些是把握了事物的本质的，从而才可以正确地估定作品的价值。

正确的世界观与认识方法在欣赏上是如此重要，因此得到它自然不会太容易。仅仅从书本上或别人的口头得来的常常太浮面，不能真正发生什么作用，应该把从这方面得来的认识同自己的生活实践配合起来，互相引证，互相加强，一定要表里如一，言行一致，不是所谓"红萝兰"。要改变思想就得先改变生活，而我们的生活却不是一下子就真能完全改变的，这需要极大的决心和磨练，所以一种正确的世界观与认识方法必然是逐渐形成、逐渐生长的。不必心急，如果能这样做下去，就一定可以得到它。你终将感到：人民的愿望与奋斗才真是历史进步的主力，辩证法唯物论才真是认识事物的锁纶。

生活的领域是如此广大，我们绝难完全了解，正不妨保有广泛的兴味，而仅择其中某几个更有把握、更有兴趣的部分集中注意去研究、去欣赏。这样可以较易收获欣赏的效果。注意力集中之后，准备的工作就可以充分了，也就可以在身心最健旺的时候去欣赏了。一时还感觉艰深特致的东西，这样工作下去，就不致老是摸不着头脑，就可以逐渐到达迎刃而解的境地了。重要的是不要心急，不要一步就想跨到人人的前面去，你只要走的是康庄大路，你就一定能够到达目的地。一旦水到渠成，你就可以左右逢源、横说竖说、头头是道了。

欣赏要有道德。切不可凿空强作，无根妄说，甚至故意曲解，贻害他人。对于欣赏的对象，要有同情，要表尊敬，不能恶一己之私，污蔑抹杀，或作题外的攻讦。应该平心静气，就事而事，即使它有许多错误，也当以能发现其中正确的部分为自己应有的责任。

欣赏是对现实的认识，也是一种很大的快乐，因为它常常鼓舞我们：人世间的一切创造是如此丰富而多彩，人类的精力是如此值得我们惊异，而人类的企求进步企求发展的斗争又是如此坚决、如此勇敢，如此有着无限光明的前途。让我们多多地欣赏，而且让我们一道来欣赏吧；在集体的欣赏学习中，我们的进步一定将会更快的。

笔耕不辍的文艺理论家

徐中玉，作家、文艺理论家。1915年出生于江苏江阴的一个普通中医家庭。曾任山东大学、沪江大学、华东师范大学中文系教授、中国文艺理论学会会长、古代文学理论学会会长、中国作家协会上海分会主席和《文艺理论研究》《古代文学理论研究》主编等职务。

徐中玉自小勤奋好学。因家境清寒，他在亲戚的资助下读完初中，考入减免学费的江苏省立无锡中学高中师范科，毕业后当了两年小学教师。1934年，他考入青岛国立山东大学中文系，得到老舍、台静农等教授的鼓励和指导。为自筹学费，他开始积极写稿，发表在《独立评论》等刊物上。七七事变爆发后，徐中玉随学校内迁至四川。1938年初，山东大学并入重庆中央大学，徐中玉遂到中央大学读书。其间，他发表了大量宣传抗日的文艺论文、随笔和杂文，经老舍推荐加入中华全国文艺界抗敌协会。1939年，徐中玉考入中山大学研究院文科研究所，毕业后留校任教。1946年，山东大学在青岛复校，他应聘回母校任中文系副教授。因积极声援作家骆宾基，被青岛警备司令丁治磐指为"奸匪"，国民党教育部长朱家骅密令将他中途解聘。[1]

---

[1] 高增德、丁东编：《世纪学人自述》第五卷，北京十月文艺出版社，2000年，第111页。

1947 年春，徐中玉从青岛来到上海，靠写作谋生。

抗战胜利后，沪江大学终于重返杨树浦校区。各系科在教务长林卓然的带领下，基本上维持原来的发展格局。文学院下设中文、外文、教育、政治、社会和音乐六个系。中文系最初由王治心任系主任，王治心退休后，便由朱维之主持工作。为了改进中文系课程，朱维之决定邀请著名作家魏金枝、许杰加盟沪江大学，但两人已被其他学校聘用。许杰热情推荐了徐中玉。丁景唐持许杰写的介绍信去见徐中玉，他欣然应允。①1948 年暑假后，徐中玉开始在沪江大学中文系任教。

沪江大学中文系和音乐系是当时全校主修学生最少的系。1947 年第一学期，中文系全系仅有 9 名学生，大一年级 6 名，大二年级 3 名。除了讲授专业课外，中文系老师还要承担全校公共国文教学。"刚到沪江时约定每周要教十五节课，除两门专业课外，同时担任几个系的'大一国文'课，因此中文系以外好几个系的同学都曾听过我的课。"②虽然中文系很小，但知名教授颇多。解放后，除了徐中玉外，还有章靳以、余上沅、施蛰存、朱东润、朱维之等著名学者，学术阵容一时称盛。

上课之余，徐中玉笔耕不辍，在《世纪评论》《国文月刊》《文讯》等期刊上发表了 40 余篇文章，继续文艺批评研究。沪江大学中文系学生创办了《沪江文艺》，他大力支持，在创刊号上就贡献了长文《中国文艺批评研究的材料方法与趋势》。他还在沪江文艺欣赏晚会上作了题为《谈欣赏》的演讲，后根据当晚演讲追写成文，发表在《青年学习》上。文章洋洋洒洒，纵论读

---

① 丁景唐：《二进沪江》，载上海理工大学档案馆编《沪江校友忆沪江》，第 30—31 页。

② 徐中玉：《沪江给我留下了美好的记忆》，载上海理工大学档案馆编《沪江校友忆沪江》，第 46 页。

者在欣赏书籍时存在的偏见和欣赏的困难，以及如何克服偏见，文笔清和，论述允正。

解放前夕，国民党政府贪腐无能，社会动荡不安。徐中玉到沪江大学不久就参加了进步组织"大学教授联谊会"。1949年初，徐中玉和姚雪垠主编了进步文化刊物《报告》。《报告》为十六开本，封面上"报告"两字系硕大粗壮的老宋体，大红套色，占了页面的一半位置，鲜艳明亮，夺人眼球。下半部是目录与乐小英的一幅漫画，漫画寓意简洁：蒋军依靠美国援助发动内战，平民百姓陷入物价飞涨、失业饥饿的苦海深渊。[1] 第一期刊登了姚雪垠的《战争与和平》、蔡尚思的《不要做空前的文化奸》和徐中玉的《彻底破产的教育》等批判国民党政府的战斗檄文。徐中玉在文中指出："现时的教育应该破产，一切都已到了就要彻底改造的时期，教育将完全为了人民，人民将个个有权利得到正当的教育、教材、教法。"[2]《报告》因其强烈的政治倾向，仅出一期就遭到国民党封杀，创刊号亦成为终刊号。

1949年5月27日，杨树浦宣告解放，沪江大学开始了除旧革新。为了明确未来发展方向，1950年7月，沪江大学校务会组织了一个约30人的华北教育考察团，由余日宣任团长，利用暑假到比上海更早解放的华北地区各高校学习取经。徐中玉和余上沅、蔡尚思、郑章成等人组成的考察团先后到北京、天津、济南，访问了燕京大学、清华大学、中国人民大学、南开大学以及齐鲁大学等高校，一路受到热情欢迎。周恩来和沈钧儒、黄炎培、章伯钧、罗隆基等著名民主党派人士出席了在北京饭店召开

---

[1] 韦泱：《黎明前的〈报告〉》，载文汇报社、上海市拥军优属基金会编《上海解放之路》，文汇出版社，2009年，第121页。

[2] 徐中玉：《彻底破产的教育》，《报告》（上海1949）1949年第1期，第16—18页。

的座谈会，周恩来发表了两个多小时的讲话。考察团回沪不久，沪江大学也开始了思想改造运动。思想改造是当时所有知识分子必须进修的课程，徐中玉自然也要参加。他和中文系的老师组成一个组，章靳以任组长。他们在章靳以的宿舍内开会，由学生代表和一位干部一起参加。[①]这场运动持续了近三个月，每位老师都要自述过去的经历，作自我检讨，听取主教、学生代表和干部的意见，以把资产阶级思想转到工人阶级立场上来。小组的六位教授除了朱维之信仰基督教外，都与宗教无关。大家个人历史比较清楚，又开诚布公，各抒己见，没有发生任何不愉快。1952 年院系调整后，徐中玉和施蛰存去了华东师范大学，余上沅、朱东润去了复旦大学，朱维之去了南开大学，章靳以到上海作家协会协助巴金主持工作。其后多年，彼此一直都是亲切的老友。

徐中玉到华东师范大学中文系后，曾担任过名誉系主任、文学研究所所长、教育部中文学科评议组成员，《文艺理论研究》《古代文学理论研究》《中文自学指导》刊物主编，上海作协第五届主席，中国作协第七届名誉委员等职务。编著《鲁迅遗产探索》《古代文艺创作论》《激流中的探索》《徐中玉自选集》《美国印象》《大学语文》等。2014 年获第六届上海文学艺术奖"终身成就奖"。2019 年，徐中玉去世，享年 105 岁。

徐中玉在沪江大学任教 5 年，虽然短暂，但对沪江大学很有感情。中文系同事素质高，又很和谐、精简，他觉得相当顺心。上海理工大学百年校庆时，他应邀出席祝贺。他还非常支持学校档案和校史工作，2009 年欣然为"沪江文化"丛书作序，序中写道："作为曾在沪江大学中文系工作过

---

① 杨迎平：《施蛰存评传》，上海人民出版社，2021 年，第 210 页。

5年的人，虽然距今已近60年了，我对'沪江'还是深有感情的。校庆时看到有不少校舍仍保存得很整齐牢固，更看到已增加了许多新的建筑，各方面都欣欣向荣，深感振奋。"①沪江大学给他留下的美好记忆，除了风景秀美，更有志同道合的朋友。

---

① 徐中玉：《我的沪江岁月》，载上海理工大学档案馆编《沪江校友忆沪江》，总序二。

桃

李

芬

芳

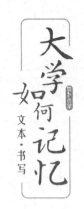

01

徐 志 摩

送魏校长归国序[①]

◆徐志摩

　　去乡土万里，越重洋来异国，诲人不倦，毋惜辛苦。卷利己之心，抱救人之念。斯其德音之在人，不以深虑。况于叔世颓风，道德淘淘，曾有狂澜莫挽之叹。乃有君子者，砺身作则，热血感人，前弊务尽，树德务滋，如吾魏校长者，足以当之而无愧矣。先生温温长者，望之也威，接之也酥。讷然如不能言，而情意昀挚，循循善诱，虽不良亦已化矣。始先生未来是土，荒滨草原，浪涛溅溃，沙鸥海鸟，时复出没，星芒渔火，相与辉照。先生独劳心焦虑，施意经营，数年之间，绚然美备。广厦连峙，学子兴来，建始有方，守成兼理。所成者岂独辟荒陇除草莱之功邪？拨盲心而涤污思，治璞冶金，括垢磨光，大德在人，可胜量哉！今先生且归国，稚鸟依母，不胜恋系之忱。先生爱我，其将有以益吾后进未已也。

---

① 本文原载《天籁报》1916 年第 4 卷第 3 号。部分标点为编者加。

一代诗哲

　　徐志摩，现代著名诗人、散文家。原名徐章垿，1897 年生于浙江海宁的一个富裕家庭。他的父亲徐申如是硖石商会会长，开办发电厂、梅酱厂、丝绸庄，在上海还有一家小钱庄。1907 年，徐志摩入硖石开智学堂就读，师从国学名家，打下古文根底。

　　1915 年，徐志摩从杭州一中毕业，考入北京大学预科。1916 年就读于沪江大学，1917 年考入北洋大学法科特别班，不久并入北京大学法本科。1918 年，赴美国克拉克大学学习银行学，获学士学位后，同年转入哥伦比亚大学研究院。1921 年，转赴英国留学。在英留学期间，他接受欧美浪漫主义及唯美派诗人影响，开始从事新诗创作和文学翻译。1922 年回国后，曾任北京大学、光华大学、大夏大学和南京中央大学等校教授。

　　青年徐志摩在沪江大学校园留下了深深的印迹。1915 年 12 月，19 岁的徐志摩由北京回硖石结婚后，自请从北大预科退学，插班进入沪江大学预科，1916 年 9 月升入沪江大学一年级。徐志摩在沪江大学求学的时间并不长，大概一年多；但这一年多是他人生经历中的重要环节，他 20 岁一整年的青春是在沪江大学校园里度过的。

　　在沪江大学期间，徐志摩是一个品学兼优的学生。他因为成绩优异，被推选为所在年级的级长，在班级合影中居于中心位置。他的头像也出现在 1917 年《沪江年刊》班级介绍的页首位置。在同学之间，徐志摩以古文功底深厚出名，曾担任沪江学生刊物《天籁》的汉文主笔和书记。《天籁》是由沪江大学学生创办的一种综合性刊物，1912 年 6 月创刊，初名《天籁报》，中英文合刊，每季出版一册。

　　正是从《天籁》开始，徐志摩启用了他后来名满天下的别号"志摩"。他上学后用的学籍名一直是徐章垿，志摩是他在沪江大学就读时自取的别号。1916 年 3 月出版的《天籁报》第 4 卷第 1 号，天籁社职员表上出现了"徐志摩"三字，头衔是汉文主笔。这是我们目前所见到的"徐志摩"这一名号的首次现身。

　　徐志摩在《天籁》上共发表《祀孔纪盛》《记骆何堃全谊事》《春游纪事》《渔樵问答》《卖菜者言》《论臧谷亡羊事》《送魏校长归国序》等 11 篇文言体稿件。[①]

　　1916 年沪江大学为修建医院，在校内外募集捐款，中国籍师生共捐 1 000 多元。作为《天籁》第 4 卷第 3 期汉文书记的徐志摩也捐款 50 元，并对此事作了记录，题为《沪江大学附设普济医院捐款征信录》。

　　徐志摩与时任校长魏馥兰有着深厚的师生情谊。徐志摩在沪江大学读书期间，魏馥兰校长曾回国休假，由副校长、中国籍教授董景安代理校长。《送魏校长归国序》即是徐志摩为送行而作，发表于 1916 年 11 月《天籁》第 4 卷第 3 期。该期《沪江春秋》也出自汉文主笔徐志摩之手，第一条

[①] 吴禹星编：《1916：徐志摩在沪江大学》，上海交通大学出版社，2013 年，第 96—98 页。

便是《送别》："魏博士且归国，作送别会。学生曼歌，不胜恋恋。先生训之辞，其言谆谆宛挚。学生感喻奋作，复歌洋洋盈耳也。越十五日，先生首涂，举校送之，为之挽车，徐歌而行。诗曰，泰山岩岩，鲁邦所瞻，斯之谓矣。"[①]

送别会举办于 1916 年 5 月 16 日，启程应是在 6 月初。沪江大学理科主任梅佩里记载，启程当日，"当魏馥兰离开住所时，一群学生护送着他至一辆装饰华丽的马车前，马车由 18 名学生拉着，其余学生跟在马车后面。学生们在炙热且满是灰尘的马路上护送校长，排成纵队，一路跋涉，一路欢唱，足有一英里路远，直到魏馥兰校长作告别演说。当魏博士消失在码头后，学生们将新代理校长董景安推往之前魏馥兰校长乘坐的马车内，然后大家将他拉回校园内"。徐志摩应当也在送行学生之列，而且当时沪江大学的师生人数为百人左右，作为高材生的徐志摩应该是校长魏馥兰比较熟悉和欣赏的。

徐志摩与魏馥兰校长师生情谊的另一个证据是，美国克拉克大学的档案中保留的一张魏馥兰校长于 1918 年 12 月 4 日为徐章垿（Hsu Chang-hsu）出具的成绩单。这份成绩单涉及 1915 年、1916 年两个学年各 9 门科目，计 18 门。1915 学年科目包括：英国文学，每周 3 学时，成绩为 89 分；英语修辞和作文，每周 5 学时，92 分；中国文学，每周 3 学时，96 分；中国历史，每周 3 学时，97 分；通史，每周 3 学时，91 分；基础物理，每周 3 学时，85 分；平面和球面三角，每周 3 学时，89 分；公民，每周 3 学时，93 分；圣经，每周 2 学时，92 分。1916 学年 9 门科目包括：英国文

---

① 徐章垿：《沪江春秋》，《天籁》1916 年第 4 卷第 3 期，第 51 页。

学，每周3学时，90分；英语写作，每周3学时，87分；中国文学，每周3学时，97分；中国历史，每周3学时，95分；英国历史，每周3学时，91分；高级代数，每周3学时，84分；抽象代数，每周3学时，89分；化学实验，每周4学时，89分；圣经，每周2学时，94分。[1]

当时徐志摩在美国留学，成绩单可能是魏馥兰校长应徐志摩请求寄到美国的。沪江大学校园在"八一三"淞沪会战当晚即遭日军占领和洗劫，早于1937年的学籍资料被毁，徐志摩在沪江大学的就读细节和学习成绩以这种形式保存下来，也是一个奇迹。

1923年，徐志摩与梁启超、胡适等在北京发起成立以探索新诗理论与新诗创作为主的文学社团——新月社。1924年，与胡适、陈西滢等创办《现代诗评》周刊。1925年到1926年，徐志摩接编《晨报副刊》，并在《晨报副刊》创办《诗镌》《剧刊》，成为新月社活动阵地。1927年与闻一多、胡适等在上海开设新月书店，1928年创办《新月》月刊并担任主编。

徐志摩著有《志摩的诗》《翡冷翠的一夜》《猛虎集》《云游》等诗集，代表诗作有《再别康桥》《雪花的快乐》等，他的诗作充满了热烈的情感、形式的创新，以及对人生和爱情的深入探索。1931年11月19日，徐志摩因飞机失事罹难。

---

[1] 吴禹星编：《1916：徐志摩在沪江大学》，第96页。

02

朱 博 泉

沪江之校训[①]

◆朱博泉

　　盖闻古之学子，必有所得训于其师焉。孔孟门人，以仁义为训，阳明之徒，以良知为训，此皆于学艺外而教人以道德者也。今学校中皆知以德育冠智体，而有所谓校训矣。吾沪江之校训者何，信义勤爱是也。诸同学能以是四言铭诸座右，何患不成伟人，为沪江光哉。小子不敏，用敢释其义于左。

　　信　夫信者，立身之桢干也。晚近以来，世风日下，士习颓败，皆以狡猾为通材，鲜有始终守信者。盖信者实之谓，信则不欺，戒欺求慊，大学诚意之功在是。诚意者，格致之后效，而修齐治平之大本也，宜吾校之必先是乎。

　　义　见义不为，是为无勇。义者，制事之本也。夫学生读书明理，应有仗义之责，而知义者率不多觏。夫人必严于义利之辨，而后能有为于天下，彼自私自利者，乌足以语此。

　　勤　勤者，成功之母也。以周公之多材，而犹坐以待旦，以孔子之大

---

① 本文原载《沪江大学月刊》1919 年第 8 卷第 1 期。标点和段落为编者加。

圣，乃犹学而不厌，况远不及周孔者乎。青年求学，不勤勉以求之，则无以成，苟不进则退。由于惰进，由于勤韩，子以业精于勤荒于嬉为训，吾侪勉乎哉。

爱　夫鸟之爱友也，嘤嘤而鸣，则群鸟集焉。鹿之爱群也，呦呦而鸣，则群鹿萃也。鸟兽犹自爱其同类，况人乎？人之所患者，爱之作用，有时不能推而行之，对于身家之外，或未免视同秦越。孟子曰："爱人者，人恒爱之。"又曰："仁者以其所爱，及其所不爱。"吾人若循是以行之，则公私兼尽矣。沪江精神兴衰之关键，实系此爱力中也。

噫嘻，吾校训之取义大矣，诚能躬行实践，岂惟足以发扬校风，亦立身治事之本也。

上海近代著名金融家

朱博泉，近代金融家，中国第一个银行票据交换所的创办人，沪江大学城中区商学院院长，沪江书院董事长兼院长，沪江大学同学会会长。1898 年出生于浙江杭州一个官商世家，7 岁入私塾，11 岁举家迁居上海。父亲朱晓南是洋务派，曾任萧山知县、广西藩台，后弃官从事工商业，创办浙江银行。母亲许氏是杭州望族千金，累代书香。

朱博泉 13 岁入汉璧礼西童公学就读，是该校唯一的中国男生，四年后由西童公学考入沪江大学商学系。大学期间，他担任《天籁报》干事、总编辑，撰写《论职业教育之重要》《敬告本校同学》等文章。朱博泉习得一手好字，国学底蕴深厚，酷爱京剧，喜好填词作诗。他痴迷体育运动，担任沪江网球队、棒球队、足球队队长，曾率领沪江网球队击败圣约翰大学、南洋大学、东吴大学、之江大学、金陵大学，夺得冠军。他乐善好施，经常为学校和社会各界慷慨解囊。1916 年，沪江麦氏医院筹集捐款，中国籍师生共捐 1 039.24 元，他捐赠 100 元，数额最多。[①]

[①] 徐志摩：《沪江大学附设普济医院捐款征信录》,《沪江大学月刊》，1916 年第 4 卷第 3 期，第 53 页。

1919 年夏，朱博泉自沪江大学毕业。他赴美深造，先后进入纽约大学和哥伦比亚大学研读银行学、经济学。学习之余，在纽约花旗银行总行实习，接触到先进的金融业务。1921 年学成归国，投身金融界，在浙江实业银行先后担任外汇部副经理、金币部经理、董事。1927 年，他担任督办中国境内华俄道胜银行清理处副清理员，处理该行善后事宜，获得国际金融界人士一致赞誉。1932 年被任命为中央银行业务局总经理。

1932 年 3 月 26 日，上海银行业同业公会联合准备委员会成立，朱博泉被公推为经理。联合准备委员会既为商业银行提供了有力支持，又为筹办票据交换所打下了基础。早在 1918 年，设立票据交换所就已列入上海银行公会章程。朱博泉既是联合准备委员会经理，又曾在纽约花旗银行参加票据交换工作，责无旁贷地担负起了具体筹备工作。1933 年票据交换所正式开业，朱博泉担任经理。[①] 上海票据交换所改变了银行票据长期通过钱庄汇划清算的现象，以崭新的交换方法、完备的清算制度，成为中国金融史上典型的、以商业银行力量首创的、新型的票据清算机构。

1935 年，朱博泉当选为浙江兴业银行常务董事，1936 年又被聘为国民政府资源委员会委员。上海租界沦为"孤岛"后，朱博泉为维护金融稳定，煞费苦心。他长袖善舞，纵横捭阖，发挥融资理财之才能。1941 年，朱博泉与新亚药厂总经理许冠群等人联合发起创立中国工业银行。他出任中国工业银行、新亚建业股份有限公司常务董事总经理，环球信托银行、建隆地产公司董事长，投资了中国工业保险公司、大中保险公司、泰山保险公司、大上海保险公司、大安保险公司、中孚保险公司、新亚联合地产

---

① 万立明：《上海票据交换所研究（1933—1951）》，上海人民出版社，2009 年，第 43 页。

企业股份有限公司、利亚实业股份有限公司等几十家公司。"经先生手创立之'保险公司'，亦不在少数。先生夙负时誉，在金融、工商、教育各界声华卓著，而在保险事业中尤不愧为一时之翘楚也。"①

沪江大学收费昂贵，许多贫穷子弟被摒之门外。刘湛恩出任校长后，为推动沪江"职业化"和"平民化"，在外滩圆明园路上的真光大楼开办城中区商学院（简称"城商"）。1932 年初，城中区商学院开学，朱博泉被推荐担任院长。

朱博泉发挥自己在工商界的影响力和人脉关系，使城商办学与工商界紧密结合。25 名工商界人士和专家组成了顾问委员会，社会各团体如国际贸易协会、工商管理协会、中国经济学社以及一些从事金融、保险和会计业务的公司，提供了师资、图书资料、实习场地等。城商广聘一大批著名经济学家、统计学家、国际汇兑专家、会计师、银行家任教，阵容之盛，为各商学院之冠。城商社会化办学给沪江大学开辟了一个新天地，培养了许多会计、金融、外贸专家和企业家，得到上海工商界和社会团体的认可。沪江一跃成为当时教会大学中人数最多的学校，社会影响力与日俱增。

太平洋战争爆发后，日本侵略军闯入租界，沪江大学校董会作出了学校无限期停办的决议。作为沪江大学同学会会长的朱博泉召集常务委员会，决议成立"沪江书院"以延续沪江文脉，他也被推举为院务委员会主席、董事长和院长。

为保存沪江大学火种，朱博泉做出了很大努力。书院仍竭力维持沪江原有的格局，大部分教师都是沪江大学原有的中国教员。上海滞留了不少

① 林振荣、喻世红：《保险巨擘　金融硕勋 —— 论民国后期上海滩重要的保险投资人、金融教育家朱博泉》，shh.cbimc.cn/2017–11/17/content_24787.zhtm。

知名学者，书院为他们提供了一个安身之处。交通大学原校长黎照寰兼任商学系讲师，著名社会学家雷洁琼受聘担任社会学系教授，并任系主任。[①]书院在学科发展上更强调"职业化"特色，城中区商学院仍保留了商科和建筑两个专业。在经济窘困的情况下，沪江大学没有取消原有的教师子女助学金和教师集体保险，教职员薪水和津贴开支占总支出的80%以上，行政费等费用降到最低限度。1942年，朱博泉在沪江书院捐款设立了"积丰堂助学金"和"博泉助学金"，资助贫寒学子。[②]除了设立助学金，朱博泉还把院长办公费捐给贫困学生作助学金。在他的带动下，其他校友也慷慨捐助。

沪江书院在"孤岛"时期的上海一直以"非正规"大学自居，在向汪伪政府正式立案的问题上采取拖延战略，书院在课程设置上也保留了重庆国民政府教育部规定的所有必修课程。尽管内外交困，所有师生仍坚信光明必将到来。1944年，朱博泉在欢送毕业生的茶话会上寄语学生："我们须知社会无论黑暗到什么程度，未尝无光明的一面，我们如能以'敬'自肃，培植朝气，那光明的一面，自然而然会逐渐推广，照耀及于社会的全部。"[③]朱博泉和众多师生艰苦支撑，终使沪江弦歌不辍，直到抗战胜利。

上海解放后，朱博泉欢呼新政权的诞生。1949年10月，他出任信和纱厂总经理，主持了中国棉纺业第一家公私合营企业。1951年后，担任大陆银行副总经理、上海银行业"五联总处"商业部兼联合部总经理等职，加入民主建国会，成为上海市工商联高级顾问。1957年被打成"右派"，"文化大革命"期间受到冲击。1981年获彻底平反，担任上海市金融学会第

---

① 王立诚：《美国文化渗透与近代中国教育：沪江大学的历史》，第312页。
② 朱博泉启，1942年7月29日；朱博泉致郑章成，1944年9月4日，沪大档160号。
③ 朱博泉：《送民国三十三年毕业同学序》，载《沪江民三十三年年刊》，封二页。

十二届理事会理事、中国民主建国会上海市委委员等职务。2001 年，朱博泉走完了他充满传奇色彩的一生。

1919 年，大学四年级的朱博泉发表《沪江之校训》，文末指出："吾校训之取义大矣，诚能躬行实践，岂惟足以发扬校风，亦立身治事之本也。"[①]70 年后，他又撰文《沪江大学校训颂》，回忆母校，感怀校训。"信义勤爱"深植其心，也一直被他奉为立身处世的准绳，终身笃守。

---

① 朱博泉：《沪江之校训》，《沪江大学月刊》1919 年第 8 卷第 1 期，封二页。

03

敬隐渔

养真[①]

◆ 敬隐渔

　　我倦卧了半天，才撑起来，伸一个懒腰，揉揉眼睛。已是落日满山，岗峦蒙上一层紫罗了。我的影子倒在坡下，怪伟大的；和我的身子比较，显出我小得可笑又可怜。将歇的蝉声越噪得刮耳。我受了这种暗示，陡觉渴得厉害；因渴又感到饿乏。急忙跑下山径，一身轻绝，不似在走，似在清气中飞腾。

　　转过杉树峰，听见水声滂濞。悬崖上吊着雪白的瀑布，从峻峭的青苔石上蜿蜒滚下去，打在几十丈下的一个碧潭中，溅起一片片白的水花，恰像天鹅在沐羽。崖上的枝叶葱茏，遮了斜阳，只有一缕缕的金线从缝中射过来。我到此时此地，再也不想走了，却又不能达到那渴慕的泉流：青石又陡又滑，向下一眺，令人寒栗。我呆坐在一块青石上，静听着噌吰悠扬的水声。凝视着飞溅的瀑布，崖边的紫罗兰，和我面前倒挂着的野玫瑰。转瞬之间，我被伟大的大自然融化去了。我暂且忘记了世间的一切。我与一切合而为一了。我觉得恍惚有一只纤嫩的手抚着我的头发，渐次抚到我

[①] 本文原载于《玛丽》，商务印书馆，1925 年。该文由发表于《创造周报》1924 年 4 月第 51 号的《苍茫的烦恼》改写而成。

的颈项，我看她好像是我的养真。我喜出望外，拉着她的手，惊问她如何到这里来的。她只向我呆呆地微笑。我见了她的嘴角边浅红色的笑涡儿，便乘势搂着她接了一个吻。她避我不及，使力一推；我顿时失足，箭一般地向万丈的深渊坠落下去了。

我心头一跳，忽然惊醒转来。我面前吊着的野玫瑰还继续在对我微笑；紫罗兰香依旧在逐凉风送到我身边。我狂饮着花的清香，好像还是在吻着少女的芳颊。

养真是我家的一门远亲的女子。去年我到山中来养病的时候，我俩才初次见面。她那时只有十六岁。她虽然不是十分艳丽，但是她那细袅的身材的曲线，泛常似忧似喜的容貌，温柔的声音与幽静的态度，若有情若无情地，令人要跪地倒拜，亲她的脚背，求她一盼。我觉得她是冰心玉骨，没有感情的；我觉得她不像是一个人。我叹惜造物者造了这样美的物质，为何不赋予她一个更灵感的心儿。——她方才在乡间的女子高小学校卒了业，她一天到晚，只一个人关在小书房里，温习功课。那小书房的一垛下临草坪的绿窗，不知吸蓄了我多少怅惘的顾盼啊！我每晨起来，在那草坪中踱来踱去，望见那闭着的窗子，心头便感到一种形容不出的焦急。等到她的窗子开了，看见她桌上的水仙花，听见她吟哦的娇嫩的声音，我便身不自主地被吸引到她的书房里去了。然而见了她却又没有话说。陪她静坐一两点钟，又惆怅地走出来，不辨方向，只在荒郊里乱窜，直追饿乏了，才走回寓所。

有一次，我遇到她一个人在草坪中游玩，我急忙跑到她身边，很亲热地称呼她（我自己也觉得我的声气变成女性的了）。她却只从鼻子里放出蜜蜂的声音答应我。我对她说：

"你为什么不理我呢？"

"本得要理你，又怕你疯疯颠颠地说些无益的话，难得应酬。"

"总该怪你的美丽惹得人不能不疯颠哩。"

她忙把脸儿转了过去，似乎要藏她的怒容，只说道："我们回去了罢！"

第二天，我在家中不曾理她，她却也不和我赌气，如没有事一样。到了第三天上，我的忿怒的勇气衰了，又感到寂寞的时间太长，一种不可违抗的魔力又把我捉到她的书房里去了。她正凭着桌边在注视一个玻璃瓶子。瓶内有一只蜘蛛。她瞧了我一下，好像没有看见，依旧注视她的瓶子。我很想说她像一个小孩子，但又不敢说出口。我们俩如此静对着不知过了多久。后来毕竟是我搭讪着给她认了错。她说我没有什么错处，但是她不喜欢多说话，更不喜欢说抽象的话……

她经我一次赌气，才宽放了一点。有一天，她竟至允许了我和她同上山去游逛。我俩肩并肩地走到瀑布谷；她疲乏极了，我扶她坐在一块青石上。遍谷的紫罗兰在发香。我轻轻把一只手腕放在她的肩儿上，她也不甚推却。我顺手撷一朵紫罗兰，插在她的头发上。她皱起眉儿，低下头儿的样子实在令我难受。我不善观气色，又说道：

"你看，香而不艳的紫罗兰，恰似你幽静的美！"

她立刻把我放在她肩儿上的手，轻轻取了下来，转身向那边去了。我的手上滴下了一颗眼泪。我弯了身，假装又要撷一朵紫花，免得她笑我懦弱。她却佯为不知，走了几步又回转身来唤我道："回去了罢！"

此后不久，她就到成都进了女学校去了。她也很愿意和我通信，可是都不过是些普通印版式的明信片！……

我这没志气的男子！为什么被一位并不美貌又不爱我的女子征服到这

样光景？我想到这里，只觉得悬崖下的碧潭正在勾引我，同时下意识作用，却使我退走了几步。落日已挂在杉树峰的树丛边上，好像一个红玉的圆盘，灰色的幕纱渐渐织下悬崖来；回头一瞥，不胜悚骇。

饥渴的火焰复在烧着我的身体。这种渺茫的回忆是不济事的……走了一会儿，天上的垂云好像小学生染污了的课本；笼罩满山的灰暗而有韧性的暮霭被一颗闪闪的灯光点破。那灯光之下，有一座日字形的瓦房，已看不清楚了，我探到柴门边，叩了两下。一个白净的十三四岁的女子给我开了，请我进去。当中是礼堂，代作餐室，桌上杯筷都摆齐了。中壁上挂着"天地君亲师"的金字牌，侧边有两副对子。此外是粉白的石灰壁上挂着些大大小小、异样奇色的死鸟。女儿把我引到木凳上坐着，请我等一会儿，她去请爹爹出来。

我注视着死鸟，我想这定是一种奇怪的迷信。于是我心头陡然不安起来……女儿递了一杯热茶给我。我嗑了一口茶，却把刚才的印象都忘记了。随后出来了一位五十岁来往的很矮的老人。我见了他的女儿的白净，万不料他的脸那么黑哩。他很谦恭地请我坐下，问了来历，留我在他家里过夜。他说话的声音非常和蔼，但是他又厚又大的嘴唇翻动起来，似不便利。我有多少话想问他，但见他嘴唇艰难，我也住了口。我逆料他总是远处的富绅，受战祸的影响，才避到这深山里来的。果然他也向我述到四川的兵灾匪祸，唏嘘连声。他说这山中虽然清苦，总可免心惊胆战。他听说我是学生，便辞别进去，请他们的老师，胡先生出来陪我。

一位老女仆把酒菜捧上桌来。那幼女儿走出来，悄悄地对我说：

"我们那胡先生有些神经病呀；他的话多；你不要信他啊！……"

她的长毛褡，如鱼儿鼓浪一般，在她背上跳荡了一两下；她又跑进去了。

老人同一位曲背的中年以上的人一齐出来。那人头上一条黑布巾包着一个很大的头，一副深光眼镜，又长又瘦的面孔，一口细长、灰黄的八字胡。老人对我介绍道：

"这是我们的老师，胡先生；他的书看得多，地方也走得不少。K先生，你可以同他长谈。……"

于是他请我们晚餐，分宾主坐下。他给我俩每人斟了一大盅酒。我只是推让。虽是些山蔬野味，但因调以饥饿，比我从来所食，更觉得甘美。胡先生也是很谦恭的，和我寒暄了一会，并不多言。只一大盅地嗑他的酒。我看他却毫没有神经病哩。老人先吃完了饭，起身说："失陪，我到后边林盘里打鸟去。"

他遂提了枪，开后门出去了。

天上飞着一阵细雨。老人在那滑溜的小路上，一溜一点地，直向那烟雨朦胧的林边走去。

我问胡先生："——为什么老主人这早晚还出去打鸟呢？"

他听我问到这里，忽然引起精神，取下眼镜，又自斟一大盅酒嗑了，已有几分醉意；拈了拈他那灰黄的八字胡，凝神片刻，说："大凡非常的人，受了非常的刺激，才有非常的举动，或者，非常的嗜好；尤以女人的刺激为甚。历代名人都是如此。孔子，因为他的女人丑陋（不知他何所考据），所以他才爱弹琴著书，成就了一世美名。

"太史公，因为受了腐刑，感情无从发泄，才发奋作了一部悲慨讥刺的《史记》，继后者莫能及。刘邕，因为他的女人生痔疮死了，所以他才爱吃疮痂。"

我忍不住笑，忙伸手扪着嘴儿问道："但是这老主人……？"

"你听我说……我们老主人，X 先生，从前是某县的富绅，后来因川滇之战，土匪蜂起，近处匪人要抢他家里的地窖银子，因把他们的房子烧了。那时，他的女人正在怀孕，逃避不及，遂烧死在内。他不得已，才搬到这山里来，消受清贫；田地财产，他都不甚顾惜，但梦寐伤悼他的女人。后来渐渐染了这打鸟的嗜好，一则以消磨他无聊的岁月，一则以为他报忿的象征。幸而他还有这个嗜好，不然，怕不早就闷死了。他的心里既破开了偌大个缺缝，不能不另寻一件事情去填满它……"

我方详细地问下去，他又感叹到四川的时局，有一搭没一搭的话说不完。他说，如今的军人政客没有一个有政治眼光的，都是些杀人夺财的强盗……人民的知识又太浅陋，不能结合起来抵抗他们。若是七千万人，大众一心，就是赤手空拳，也可以把那全省的一两万支枪儿，挤成粉碎……恨他从前不曾习得武功；不然，哼！他早把那些罪魁一个个刺杀得干干净净……他又高谈阔论了一会儿他的政治方略。他的议论时而精明，时而悲壮，真有大演说家的神气。我听得脊骨悚栗，把我的身事都忘记了。后来，他见我幼稚无知，只连连点头，不能答复一句，他才把他的宏论停止了。他把烟叶吸燃，静了一会儿，又问到我的家事。我心直口快地竟把养真和我的关系都详细对他述了一遍。

他听完了，放下长烟袋冷笑道："小孩子！你自取烦恼。一个女人，只要相貌可人，性情不甚恶劣，就够了。我的脚迹遍天下，至今未曾遇见一个有智识、有感情的女人，尤以中国女人为甚。"他又举了些例……

"所以我至今抱独身主义，平常读书思想，自有我的乐趣，不必他求……"

157

那女儿和老妪站在门后，背着他，努嘴儿。

我正要反对他，他却絮絮不止："……我也教过女学生。她们读书，都不长进；记忆力虽佳，却不能悟理……"

我羼言道："但是，我认识的养真，她的学问却超过大多数的男子。她的数学分数在全校为第一哩……"

我顺手自衣袋里掏出一个皮包，自皮包里取出一束红纸裹着的功课和信札，递给胡先生参阅。

养真近来寄给我的信，和她从前的功课，我都随身带着的——

我自今年暑假再来山中养病，一个人非常苦寂。养真长住在成都女校。她家中只有几位老人。我的同学自然没一个和我通信。我的书只带来了一本，Descartes 的数学式的哲学精密有力，能强服我，但不能使我悦服。他把人身看成了一个机械，我的直觉总不肯相信的。养真的信札上虽然没有 Descartes 的定理，但是神髓却毕肖他的人生观。她的信上都是很简短的几句话，说她身体平安，学期试验的分数有多少（我查得她的数学分数最多）……因为我要求她写一封长信，昨天果然得到了她一封很长的信：她很耐烦地给我抄了一张功课表，她的同学、同居的名字，详述了学校的历史……她竟忘记了她是有忧喜憎爱的本能的！……我每次读了她的信，不知笑的好，哭的好。我疑她受了 Descartes 的影响，立刻把这本书扯得粉碎。扯了过后，我又好悔，因为我记得她从不爱看什么哲学书的。

胡先生把这些稿件重看了几遍，折好了，还到我手上。他却扬眉得意，又拈了一会儿八字胡。

"由此，更足以证明我的主张非误。女人们因为过于会打算盘，满腹的加减乘除，遂没容纳感情的余地。比方，以婚姻而论，她们只打算男子能否养她一生一世，而供给她肉体的快乐而已。普通女子固不足道；便是古来的名女，如李清照、谢道韫等辈，虽能吟诗填词，然而不过是闺中无事，作无聊的消遣罢了。她们并未经验到人生的痛苦，又没有坚忍的修养……总之，女人们都是没有灵魂的……（他又自斟自饮了一盅酒）……上帝用黄土造了亚当……"

我很惊讶他的学识的渊博。后来，才知道他自幼失了家庭的依靠，自己努力与生命奋斗，远游过东西洋，又刻苦用功，学贯中外……曾任初办北京大学的教授；只因他的议论奇怪，学生不服，才回到四川；不幸又遭战祸，不忍同流合污，竟流落到山中来了……

他说："上帝用黄土造了亚当的肉身，向他吹了一口气，便成了他的灵魂。上帝把他安在地堂中，见怜他孤寂，乘他在树荫下睡熟的时候，慌忙之间，抽了他一条肋骨，造了夏娃，遂忘记了吹气，所以，至今，世间女人只黏了一点男人的灵魂。后来，希腊有一位哲学大家（这个名字他从前记得很熟，如今忘记了），在某江边聚众讲道，才初次宣布这种发明。听讲的几千女人，登时纷纷跳江，淹死尽了。政府因此不许他再讲，恐怕他灭了希腊的人种。这许多女人自杀了以后，上帝始悔，才给她们赋了一个阴魂。这种阴魂是昏睡着的，须有坚忍的、长久的修养，才可以醒悟，而发生感情……所以，如今，我们应当提倡女人的灵魂修养……这修养的方法……"

猛然，砰磅一声，后门开了。老主人浑身泥淖，一溜一点地，走回来。他放下了枪，旋揩着脸上的汗，旋叫道："今晚运气不好，外边风大哩，只打了一只小雀儿。K 先生、胡先生，你们好高兴，这早晚还不去安歇呀。你们看这小雀儿的羽毛红得多好看：恰像个小人国的金鸡。它只在下雨的时候才飞来；今晚多着哩，多着哩；我只打到一个！"

我们大家看了一会儿，惊叹了一会儿；老人叫他的女儿把雀儿收进去，他又唠叨地述他的猎事。移时，那幼女儿出来，清秀的高声说道：

"猫儿的眼睛细长了，你们请安了罢！"

老妪执一支红蜡烛，把我引到厨房侧的一个清洁的、小小的房间里，白布的被毯，早叠铺好了。我打发她去，自己睡了，但是思绪纷纭，许久，不能成寐。我把胡先生的论调和养真的言行比较，有大半确能吻合。但是，对于胡先生的考据学，我又有些怀疑。一会儿，我恍惚觉得我跪在养真足下。她一只手懒懒地抚着我的头发，睁开她那黯黑的眼睛一缝，站在那里遐想。移时，她变成了一个骷髅，胸腔里一颗心儿，好像一个小皮球，吊在中间，摆来摆去……又恍惚觉得我的额颅破开了一条缝，胡先生把他的瘦指头，蘸些口水，伸到里边去摸弄……昏迷了……后来鸡鸣声把我惊醒了。不知是什么时候有人来替我在头上包了一根红绸巾。我把它取下来，放在枕头上，自己到厨房里去，舀冷水洗了脸，便去向胡先生和老主人告辞；因为我要乘早，看看山中的黎明。胡先生和老主人殷勤地留我吃早饭；我托言家里有要事，他们才把我送出大门，告别了，又吩咐幼女送我到大路上去。

幼女把我送到三岔口，给我指了去路，又叮咛了以后常来，她才辞别去了，走了几步，她又回转身来叫我："K 先生，昨夜风大哩，你觉得头痛么？"

"谢谢你。我昨夜包了不知什么人的绸巾，不觉得冷。"

"平坝的人受不得山风。我怕你冷了，我替你包的……我们那胡先生，因为初来时受了山风，便得了神经病哩……"

"谢谢你！"

她瞧着我，微微地一笑。

我见她顾盼有情的样儿，忽然把昨夜对于胡先生的宏论的信仰消灭殆尽了。我又两次三番地道谢了她，才各自分别。

朝阳还未东升，但是玫瑰色的曙光已侵过了山峰，镀金了的高原，无人采撷的粗大的野花，嵌着五色璀璨的露珠，有一种可怜而可敬的美。清凉的晨风掀起我的衣裾，把七里香的芬芳送到我的面前。回望瀑布谷的绝崖，正披着顾长浓厚的影子。

才华横溢的翻译家

　　敬隐渔，字雪江，原名敬显达。1901年6月，出生于四川省遂宁县一个天主教家庭。敬隐渔第一个把罗曼·罗兰的《约翰·克利斯朵夫》译成中文，第一个把鲁迅的《阿Q正传》译成法文。他的名字与郭沫若、罗曼·罗兰、鲁迅三位文学大师相连，为中法文学交流做出了重要贡献。

　　1909年，敬隐渔到彭县白鹿乡无玷修院做修生。1913年，他经过严格筛选，以优异成绩升入白鹿乡领报修院。无玷修院和领报修院相当于小学、中学，法国传教士日常称其为"小修院"和"大修院"。修院遵循天主教经院体系，实行封闭式教学，纪律严格。敬隐渔在小修院四年和大修院三年中，主要学习拉丁文、古希腊罗马历史和文化以及相关的经典著作。他聪慧过人，为弥补中文缺失，背着传教士学中文、练书法，中文修养日进一日。

　　1916年，敬隐渔离开了白鹿乡修院，到成都法文学校进修法文。三年的进修使他的法文和拉丁文水平有了很深造诣。1919年9月，他受聘担任成都法文专门学校教师，但第二学年就递交了辞呈，准备赴法学习。

　　1922年春天，敬隐渔从重庆乘船来到上海，进入中法工业专门学校

（入学时学校名称为"中法国立通惠工商学校"）攻读机械电气科。他聪明好学，人缘也好，和法方校长、教员都很熟悉。他和诺贝尔文学奖获得者罗曼·罗兰的通信，至少有三封是通过法方老师和校长转交的。学校图书馆法文藏书丰富，他遨游其中。敬隐渔喜爱文学和写作，也没有放松专业课的学习。中法工专每月都有考试，连续两年年终考试不合格就会失去学籍。除了法语和写作外，他花费许多时间学习数理化课程，成功完成了学业。

　　1921 年 6 月，郭沫若、郁达夫、成仿吾等人成立了创造社。1922 年，创造社刊物《创造》《创造周报》《创造日》在上海相继面世。三份刊物同时编发，一时盛况空前。从 1923 年《创造日》第一期上的处女作诗歌《破晓》，到 1924 年《创造周报》第五十二号上的小说《玛丽》，不到一年时间，名不见经传的敬隐渔在创造社三份刊物上陆续发表了 13 篇作品，体裁多样。他在文学界绽放了炫目的光彩，郭沫若夸赞他"天分高""法文和拉丁文的教养都很深"，成仿吾称他"富有天才""出马便已高人一等"。①

　　敬隐渔富有灵性又魄力非凡。1923 年 7 月，他在《罗曼·罗兰》译文前告诉读者自己正在翻译"《黎明》这卷小说"。《约翰·克利斯朵夫》全书共十卷，《黎明》是第一卷。1924 年 6 月 3 日，还在中法工专读书的敬隐渔写了给罗曼·罗兰的第一封信，一共写了三页，法文十分工整，没有半点儿涂改，信中他请求罗兰允许他翻译《约翰·克利斯朵夫》，信末附言："回信请寄：上海辣斐德路一一九五号　中法工业专门学校　范赉博士先生代收。"②这封信开启了一段非凡的友谊。罗曼·罗兰很快给他回了信，称敬隐渔为"小兄弟"，"很情愿地允许"他翻译自己的书，并且说："你们优秀的知

① 广东鲁迅研究小组编：《鲁迅和我们同在》，1978 年，第 55 页。
② 张英伦、胡亮编：《敬隐渔研究文集》，江苏凤凰文艺出版社，2019 年，第 4 页。

识界在商务科学、社会学、工业，或者政治的社会的设施远过于艺术，或是纯粹的思想。——这是你们百世的变迁之时，此时要过去了；你们又将回到你们从前所极盛，将来——我信必能——复盛的思想。"[1] 敬隐渔收到信，喜出望外。1924—1929 年，敬隐渔给罗曼·罗兰写了至少 39 封信，这些信见证了他在困苦中的成长、与病魔的抗争和与罗曼·罗兰之间的忘年友谊。在 1925 年 5 月 18 日写给罗曼·罗兰的第三封信中，敬隐渔说自己准备去法国，"多看到一个国家，多学到一点东西，以丰富我的阅历"，还介绍了中法工业专门学校，"中法工业专门学校已存在五年。现任校长是薛藩先生，他在去年接替梅朋先生。学校里主要教数学和技术科学"。[2]

1925 年 8 月 1 日，敬隐渔登上了前往法国马赛的昂热号邮船。9 月 10 日，他到瑞士奥尔加别墅访问罗曼·罗兰，两人开怀畅叙，思想和情感深度交融。11 月 5 日，敬隐渔在里昂大学文学系注册，主攻文学学士学位，开始了忙碌的学习和写作。同年底，小说集《玛丽》作为"文学研究会丛书"由商务印书馆出版，确立了他 20 世纪 20 年代中国文坛新作家的地位。这本集子共收作品四篇，即《玛丽》《养真》《袅娜》《宝宝》，取材独特，构思巧妙。其中，《养真》原标题为《苍茫的烦恼》，发表于 1924 年 4 月出版的《创造周报》，是敬隐渔在中法工专读书期间所写。这四篇小说并无动人的故事，写的也多是日常生活，而且有整段的人物内心独白。但这些心理描写极其生动，合乎情理，读来不让人厌烦，反而让读者体验到敬隐渔文字的优美和文笔的老练干净。

1926 年 5 月 15 日，敬隐渔翻译的《阿 Q 正传》在《欧罗巴》杂志第

---

① 张英伦编：《敬隐渔文集》，人民文学出版社，2016 年，第 311 页。
② 张英伦、胡亮编：《敬隐渔研究文集》，第 10—11 页。

四十一期开始连载。这是法国主流文学刊物第一次以大篇幅发表一部中国当代文学作品，也是鲁迅和其代表作第一次为广大法国读者所知晓。《欧罗巴》杂志的主编罗曼·罗兰称赞敬隐渔《阿Q正传》的法译是"规矩的、流畅的、自然的"。① 敬隐渔还给鲁迅写过两封信，谈及罗曼·罗兰六十寿辰即将到来，希望鲁迅能将国内所有关于罗曼·罗兰的稿件寄给他。后来鲁迅选购了一大批可供翻译选材的书籍邮寄给敬隐渔，他开始翻译中国现代短篇小说。在这段难得的平静期，敬隐渔翻译并出版了《中国现代短篇小说家作品选》，选择了鲁迅、茅盾、郁达夫、冰心、落华生、陈炜谟的作品共9篇，受到读者欢迎，还被转译成英文在英国和美国出版。

1928年6月，敬隐渔获巴黎大学心理学证书，10月被录取为里昂中法大学津贴生。1930年2月，他因病被校方遣送回上海。同年，他翻译出版了法国作家巴比塞的长篇小说《光明》。1932年《光明》由上海现代书局出版第三版。此后就再无敬隐渔的确切信息。

敬隐渔在中国现代文学史、中国翻译文学史、中法文化交流史上做出了传奇般的业绩，他传奇般的人生也应该被我们长久地记忆。

---

① 刘新尧：《〈阿Q正传〉第一个法文译者敬隐渔》，载四川省政协文史资料委员会编《四川文史资料集粹》第5卷，四川人民出版社，1996年，第745页。

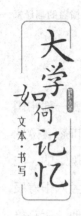

04

刘良模

今后的学生与学生运动[①]

◆刘良模

　　到现在的时候，我们不能不承认日本是一个强国了。日本之所以强，是因为他们的维新。而他们的维新，却一大半靠着有很好的学生运动，他们的学生有为国求学的运动，有把自己研究所得的贡献给国家的运动，有知识阶级同民众携手的运动。

　　再看我们中国。中华民国之所以到现在国势还这样不振，有一说一，大半是因为学者对于自己的祖国太少贡献的缘故。这一件事情只要看历年来的中国留学生能够真真做点事出来的人数，就可以知道了。

　　从前中国的学生，是素来只晓得读他们的四书五经，别的事情是一概不管的。到了光绪的时候，才有几个特出的人才出来，像康有为、梁启超这一辈人，想把陈旧的清政府革新。但是因为大多数的学者还是在那里做他们升官发财的梦，所以他们到底没有成功。后来孙中山先生努力于革命。成功以后，学生才好像春梦初醒。到了民国八年五四运动的时候，那么学生便好像从床上跳起来一样。自己觉得自己本身的重要，也觉得自己使命

① 本文原载《沪潮》1928 年 6 月第 1 卷第 3 号，是刘良模五四演讲的纸稿。《沪潮》1928 年创刊于上海，由沪大附中学生会编辑并发行，旨在使本刊成为学生的引导者和智慧的园地，求知之外，培养学生健全的人格。

的重大，而人家也慢慢地注重学生了。

在五四运动之后，学生就可以分作两种。一种学生是好像汽水瓶塞子一开之后里面的汽水便都喷出来，洒得满地，而人喝到的却很少，这一种就是太过分的学生。他们一天到晚就为了学生运动而奔走忙碌。今天打倒谁，明天拥护谁，把书本子丢在旁边，看也不去看它，他们的结果，便是白费了许多宝贵的光阴，又受人家的利用，并且对于人民、对于社会、对于国家一点儿也没有什么益处。

又有一种学生是太不热心的学生，这种学生又可分作两派。一派可以说是城市化的学生。他们把学校是当作旅馆的。书是奉旨不念的。他们只晓得修饰自己，把自己打扮得很好看，穿得很漂亮。这种学生在现在上海大大小小的跳舞场里面可以看到几个。学生是中国未来的主人翁。要是个个都像他们一样，那么中国还有什么希望呢？还有一派可以说是书虫化的学生。他们一天到晚，只晓得念书，而什么社会、国家、世界的问题是一点都不管的，书读好之后，就算毕业，一张文凭拿到了手，却只会念书，事情是一点不会做的。这种学生，对于国家，也没有什么用。

现在的中国差不多要走上光明的路上去了，而帝国主义者还是在那里穷凶极恶地一步步地压迫我们，在这种时候，我们有一部分的学生也应该觉悟了。所以我们以后的学生不应该太城市化、太书虫化，而应该俭朴，多与民众接触，应该抱了"知行合一"的主义去诚诚恳恳地求我们的学，以致将来我们能够个个都成为中华民国有用的人才。今后的学生运动不应该太过分，妨害功课；太理想，应该注重实际一方面，不妨害功课，而对于人民、国家的确有一点用处。

末了，我们在无论做什么事情的时候，我们终不要忘记我们是学生，更不要忘记我们是中国的学生。

国歌最有力的传唱者

刘良模，浙江镇海人，1909 年出生于上海。1932 年毕业于沪江大学社会学系，是著名的宗教界爱国人士、社会活动家、指挥家，群众歌咏运动倡导者。

刘良模初中就读于上海明强中学，1925 年考入沪江大学附属高中。他热心社团活动，任各级代表大会文牍、中学歌咏团书记等职务。他擅长演说，作《今后的学生与学生运动》《打倒冷笑》《拒毒是全体人民的责任》等演讲[①]，其中《今后的学生与学生运动》演讲纸稿整理后在《沪潮》上刊登，呼吁当代学生肩负起民族重任，《拒毒是全体人民的责任》则先后获得全校拒毒演讲第一名和全沪各中学拒毒演讲第二名。

1928 年，刘良模考入沪江大学知名的社会学系。受刘湛恩校长爱国思想的熏陶，"九一八"事变后，他组织同班同学陈维姜、陈仁炳等到农村宣传抗日，从事救亡运动。他充分发挥自己的演讲才能，获上海各大学东北问题演讲比赛亚军和"护国良言"奖牌，并时常阅读邹韬奋主办的《生活周

---

① 上海理工大学档案馆编：《沪江大学学术讲演录》，上海交通大学出版社，2011 年，第 289—294 页。

刊》等进步期刊和书籍，接触了很多进步思想。拳拳爱国之心、出色的演讲才能、歌咏团书记经历、社会学专业背景，以及标准的上海话和流利的英语，为刘良模日后从事社会工作，宣传并投身抗战，组织民众歌咏活动打下了坚实基础。

　　1932 年，刘良模依靠勤工俭学顺利完成四年大学学业。为实践"非以役人，乃役以人"的社会服务思想，他到中华基督教青年会全国协会担任学生部干事。[①]1934 年冬，为唤起民众抗日爱国热情，刘良模发挥自己歌咏与指挥的特长，在四川路青年会创办民众歌咏会，教唱救亡歌曲。随着参加歌咏会的人日渐增多，他又在八仙桥青年会成立民众歌咏会。他教唱的第一首歌是翻译的法国歌曲《摇、摇、摇小船》。刘良模教法灵活，语言风趣。八小节的短歌，大家很快学会了，他就把短歌改为二部和四部轮唱。在他的手势指挥下，似乎有众多小船在波浪中此起彼伏，相互竞争着前进。他将大家都已会唱的《摇、摇、摇小船》的歌词改编，编写出《救、救、救中国》，歌词激昂易学："救、救、救中国，一起向前走。努力啊，努力啊！救国要奋斗！"[②]他还号召大家："学会了救亡歌曲后，一定要教你周围的人。待四万万五千万同胞，都能唱出这样雄壮歌声的时候，这便是中华民族得到解放的时候。"[③]聂耳为电影《风云儿女》创作的主题歌《义勇军进行曲》面世后，刘良模立即教唱，歌声雄壮，人心沸腾。短短一年，歌咏会人

---

① 宁波市政协文史和学习委、政协镇海区委员会编：《镇海籍宁波帮人士》，中国文史出版社，2007 年，第 117 页。

② 中国人民政治协商会议上海市委员会文史资料委员会编：《上海文史资料选辑》第 81 辑，上海市政协文史资料编辑部，1996 年，第 811 页。

③ 吴汉民主编：《20 世纪上海文史资料文库》第 7 辑：影剧娱乐，上海书店出版社，1999 年，第 306 页。

数就从最初的九十人发展到近千人。

刘良模致力于向全国推广民众歌咏活动。他陆续在香港、广州、天津等城市建立歌咏分会，以歌声鼓舞民众抗日。他编纂《青年歌集》，编写《民众歌咏 A、B、C》，以推动歌咏运动。1936 年 6 月，他在西门公共体育场组织举办第三届歌咏大会，五千余人同声高唱救亡歌曲，引起社会各界的强烈反响，进一步推动了救亡歌咏运动。同年 11 月，刘良模代表青年会战地服务团奔赴绥远前线慰问，教一万多名士兵唱抗战歌曲。

1937 年 7 月，抗日战争全面爆发，中华基督教青年会全国协会决定募集经费，正式组建"青年会军人服务部"，开展战地工作，宣传抗日，唤醒民众。刘良模是"青年会军人服务部"的组织者和领导者之一。他身体力行，活跃在抗日战场前线。"八一三"事变发生后，他到苏州参加全国基督教青年会军人服务部，从事伤兵服务工作。后随军撤离到南京、汉口。1938 年在长沙、衡阳继续开展伤兵服务活动，与邹韬奋、范长江等发起"国新社"。1939 年随军人服务部转移到浙江金华，动员民众为前线服务。[①]

抗日救亡歌咏运动声势浩大，刘良模在金华受到国民党投降派的监视和迫害。1940 年，他无奈离开中国，赴美国克罗兹神学院读神学，并在费城大学学习社会学。在美国期间，他积极参加"援华会"工作，向美国人民介绍中国人民的抗战和抗战歌曲，并组织"华侨青年歌咏团"。他将冼星海的《黄河大合唱》介绍给普林斯顿大学音乐学院合唱团。[②]合唱团把《黄河大合唱》译成英文，在纽约举行了一场盛大的音乐会，大获成功。《黄河大合唱》也被美国舆论界和音乐界认为是中国抗战音乐中的一部伟大作品。他

---

① 宋德慈等主编：《二十世纪中华爱国名人辞典》，吉林大学出版社，1990 年，第 110 页。

② 向延生：《乐苑史迹：向延生音乐学研究文集》，山东文艺出版社，2002 年，第 190 页。

还曾教美国著名黑人歌唱家保罗·罗伯逊唱《义勇军进行曲》等中国歌曲，与其一同灌制中国抗日歌曲唱片集《起来》。唱片所售全部捐给国内，支援抗日。

1949 年，刘良模回国参加中国人民政治协商会议第一届全体会议。1950 年，他根据周恩来的指示发起"三自革新运动"，并协助起草中国基督教《革新宣言》[①]，为中国基督教摆脱外国教会控制、实现独立自主，使广大基督教徒走上爱国爱教道路，做出了重大贡献。

刘良模后来历任中华基督教青年会全国协会青工部主任，全国青联副主席、上海市侨联副主席，中国基督教三自爱国运动委员会副主席，上海市第五、六届政协副主席等。1988 年 8 月 2 日，刘良模因病在上海逝世。

---

① 冯正钦、杨成生：《中国共产党统一战线理论发展史稿》，上海社会科学院出版社，1993 年，第 189 页。

大学如何记忆

文本·书写

05

孙 玉 泰

本院第一届毕业班考察国有铁道旅行日记①

◆孙玉泰

　　我等来中法之初，即闻在大学毕业之时，得有一极大之考察旅行。当时幼小之心灵，已留一深刻之印象。七八年中，萦回脑际，卒能得如所愿。

　　此次旅行，法国院长薛藩氏，本拟亲自带领，并由褚院长在铁道部代为领到头等连卧车免票，每路来回各三张。惟不幸在出发之前，法院长忽然染病极重，没奈何由其介弟恩来薛藩氏代理。此外尚有农汝惠先生、刘宝信先生，同往襄助一切，连同同学九人，共计十二人，即在三月二十八日出发。

　　三月二十八日　今天一天大雨，校中已定晚上出发，各同学整理行装，极为忙碌，惟于无穷愉快兴奋之中，尚不觉得辛苦。晚上十点钟，一行十余人齐集大钟楼下，分乘汽车四辆到北站，赶上十一点钟沪宁夜特别快车。教授三位，以有免票，得在头等卧车中睡眠，同学则由校中购给二等团体票。因京沪路二等无卧车，我等皆在车上啜茗，坐待天明。今夜天气很冷，

---

① 本文原载于《中法国立工学院院刊》1934 年第 1 期。部分标点为编者加。

幸车中水汀尚热，得不为夜凉所袭。我在车过昆山时，伸手车外，已无雨点，天空一轮新月，照耀满地，水面新结薄冰，一似大块玻镜，光明灿烂，使人几疑到水晶世界矣。

三月廿九日　在三点钟左右，车已快到常州，在玻窗中遥见戚墅堰，很快地迎来，一霎间又送去，故乡近在咫尺，竟不许有一小小的浏览，怅如之何。整夜闷坐车厢，平时素未习惯，身体甚觉疲乏，四顾左右，见大多数旅客，皆伏案而卧，惟案桌狭小，稍不小心，即将玻璃杯带倒，乒乓之声，时震耳鼓。在七点多钟，车到南京，褚院长早已在下关车站等候多时，已为我等包定汽车三辆，又代订好南京游程。我等在站旁饭馆用早餐后，即分乘三车依预定路线进行，先到明孝陵，为明太祖朱元璋埋骨之所，我已第三次来游览，工程伟大，古香古色，与夫明太祖英雄精魂所依，殊使人不厌百回观摩凭吊也。随即到总理陵墓，因带有褚院长名片，得入陵墓瞻仰总理遗体石像。总理为推翻数千年来传统专制政治之第一人，较诸以前各开国元君，只为谋自己做皇帝而奋斗者，不可同日而语，其为整个民族牺牲之精神，殊足为吾人崇景。陵墓工程，亦极尽乔皇瑰丽之致，可为我等研究工程者之参考。后又到谭延闿墓去参观，规模虽小，布景甚为雅致。从谭墓下来，即回城中，又在中山公园略事游览，以时已近十二时，褚院长尚要替我们饯行，随即乘车直放公余联欢社赴宴。该社规模宏丽，设备完全，为公余正当消遣之胜地。褚先生为发起人，兼现任社长，我等到社之后，即由褚院长领导遍观社内布置。褚先生并当众表演射箭游戏，十有九中，的是能手。入席之前，适老同学林祖心君来探，客地遇旧雨，握手谈心，其欢可知。

今天我等是用西餐，并由铁道部沈士淳先生及溥仪族兄溥西园先生等作陪。餐后，由褚先生为全体摄一小影，以留纪念。闻溥先生即为红豆馆主，对于京剧元曲极有研究，为目前中国有数人物，而志趣尤高，闻颇不直乃弟在"满洲国"之行动云。

饭后，仍乘原车到下关江边，拟参观轮渡工程。承沈士淳先生早在津浦路局接洽妥贴，车到时，已有路局出差轮船浦镇号在码头等候。我等下车换船，随放浦口轮渡码头，有一位熊先生代表津浦路局来招待，并解释工程上情形，轮渡构筑，颇为伟大，为中国有数之建设。目前国家经济奇窘，长江江面辽阔，水流湍急，架桥则费金过巨，暂以此为替代，固未始非困难声中补救之一法也。时适有渡轮载货车一列，自对江开来，码头由电机开动，渐由高降下，与渡轮衔接，有长江号火车头，即从船上将列车分三段送上车站，然后由津浦路车头拖带，甚为灵便。

我等回南京时，已四时许，当晚下榻花园酒店，定明晨北上。

三月三十日　今天醒时，已七时许。起身用餐后，刘先生来，每人发给二等各路回来联票一张，由津浦路下关至徐州，转陇海路至郑州，转平汉车至石家庄，转正太路至太原，再依原路回来，每张价洋约七十元。

晨八时许，出花园饭店渡江到浦口。乘十一点沪平联运特别快车赴徐州，车中饭菜贵而无味，殊难使人满意。晚上到徐州晚餐，下榻中国旅行社，地方尚为清洁，当即在社内用中国菜饭晚餐，团围一桌，谈笑甚乐。薛藩先生，食量甚宏，饭时且连声赞中国菜味美不止。餐罢，我与华君等五人，往城中购置明日餐物，回社安息时，已十二时许矣。

三月三十一日　徐州晚上十二时后，无电灯，我等因欲赶乘陇海晨车，故五时许即互相催唤起身。时天色尚黑，社中为点蜡烛取亮，光甚暗淡，整理行李时，极感不便，电灯厂为居民大众便利计，似亟宜设法改进。

七时到车站，徐州站长招待极周到，并知照车守为我等代留出头等房间三间。陇海车辆多破旧，平常列车，二等不如京沪线三等，徐郑旅途颇长，幸此得消减车中劳顿焉。北地风光，与南方稍有不同，黄沙遍地，一望无际，真是浩浩乎。平沙无垠，田亩亦无显明分别，难得有几处，插点青苗，亦如癞痢头上剩余的几堆毛发而已。路旁鲜见民屋，即有亦无非茅舍草房，人民衣着均极朴素，与在南方所见北来难民甚相像。交通输运多用牛车及小车，牛车有四轮，用数牛，或数骡牵拉，小车则与南方大致相同，惟车轮甚小。我等在路上购鸡四只，只费大洋一元，较南方要便宜三分之二，惟不大清洁，味亦粗涩。

内地女子，大多仍保持古旧习惯，女孩缠足者，亦常见不鲜，执政当局，尚宜留意。

晚上九时许，到郑，寓郑州中国旅行社，设备较徐州为佳，价亦便宜。

四月一日 晨八时许，刘农二先生往平汉路路局接洽参观事。九点钟早餐，十点钟全体到该路机厂参观。厂址即在车站附近，规模较京沪沪杭甬路吴淞机厂、津浦路浦口机厂等为小，惟管理尚称精密。

连日风尘，同学大多皆感到过分疲倦，因薛藩先生急欲往石家庄，故由农先生在下午先陪伴动身，委刘先生领我等在郑州休息一夜，再在明晨起程。

下午五时许，又至平汉路第二电机厂参观，该厂只供给车站、机厂等处电力，故只备汽机两座及四十五启罗瓦脱直流发电机二只而已。随后由姚希三段长伴我等至陇海花园游览。该园规模甚大，布置清雅，内陈列狼、孔雀、火鸡等动物多种，均甚壮美。出花园来，姚段长又伴到他公馆敬茶。小坐不久，我等告辞往又一村晚饭，随回旅舍安息。

四月二日　今天六点钟起身，七时到车站。适该列车无头二等，因往与值班站长商议，承为特别加挂二等车一节。车子开出时，已迟过原定开车时间二十分钟矣。

车行一时许，已到黄河大铁桥。该桥全长三千零十公尺，合华里六里有奇，在光绪三十一年造成，工程奇伟，确是世界著名建筑。闻全桥本分一百零二节，前数年内战，大桥两端创坏极甚，后主事者为节省修理起见，将两端两节以土填平，即于其上敷设轨道，故现存只有一百节矣，此亦该桥变迁史上一段小掌故也。沿途风景陇海路为佳，颇有津浦路景象，余在中途站间往与车头机手商议，得允在车头上参观，因得知一二机件实用常识，而自车头俯视路上景色，亦颇觉另有一种意味焉。平汉车晚上无电灯，点用洋蜡灯，不便而且危险，为旅客平安便利计，愿该路局从早改良焉。

四月三日　晨一时抵石家庄，车已误点二小时许，如此行车，殊难使旅客满意。下车时，农先生已在车站迎候多时，当同往正太饭店将就一宿，未几，天已大明。我等知正太路上午八时有车到太原，六时余起身，在旅舍用晨餐后即动身上车。正太铁路，轨距一公尺，建筑于太行山脉崇山峻岭之中，在民国二十一年十月始收归国有。车过处，随地皆是浩大工程。全路约有山洞二十三个，大铁桥尤多，路线屈曲特甚，时弯时直，时高时低，沿路惟有削壁高峰，大川深谷，而幽泉丛林间，鸟语花香，时娱心目，我等如说是来考察工程，则处处是伟大建筑；如说是来游览胜地，探幽寻芳，则随地皆是雅静景地，足引人入胜，余自上海起程迄今，各地过来，觉惟此路为各路冠。

此路因各段工程不同关系，路旁设绿牌指示火车在此段间速度，而车头又与其他各路相异，不与煤水车连接，且前后倒置，因如此机手可较便于视察路势也。路上各列车均特备客车一节，书明专为女客乘座，此大约因适合以前风气关系，我所见则该车内固亦挤满男客也。路局为维持乘客秩序起见，每节车中均挂有详细乘车规则，中有一条，极合于公理，其大意为："当乘客拥挤之际，凡持免票者应先让购票者就坐。"当然，多尽一分义务，自应多享一分权利，在其他各路，则愈是不买票者，每自持牌头硬、来路大，愈要强横无理，强夺坐位。此条该路如真能实行，则未始非表示精神，维持正理之一点。车上军警稽查极严，一上车即有两三次人来盘诘。该省当局如此措置，如真纯为保护民众地方安全起见，则余等固亦不敢嫌其麻烦也。

车上热气管甚温暖，沿线积雪未消，我等在车几可着单衣。目前滹陀河水尚涸竭，河底可行人马。闻边近居民，在此时无水可用，只有掘开河底沙面，求得地下微泉，聊作饮料而已。惟每当山洪暴发时，则又浩浩乎大水，铁道且为冲陷焉。山西人民每穴山设门而居，甚为简单经济，且极牢固诚利用山石之一法也。晨刻车过娘子关，山势险峻，真要隘也。

太原即太行山巅之大平原，为山西之首都，古之重镇也。车抵太原时，已四时余，寓山西大饭店。行装甫卸，即有人来调查同来法籍教员薛藩氏履历及吊看其护照。现在各国，对于外籍侨民，皆是如此办理，惟我国向以宽大为怀，对于此等手续素不注意，虽是小处，亦可见山西办事严密之精神。

闻人云，现在日人密探满布山西，军队时有所获。大约"满洲国"奢望正大，恐尚别有图谋，锦绣山河，无辜人民，不知当局者又将如何筹谋，以求保全焉。

今晚我等在城内晚餐。太原妇女职业极为普遍化，饭店内招待者皆是青年女子，惟接待时过分周到，每有令人局促难安者。

四月四日 今日往榆次县参观正在建造之大潼铁路工程。余等乘正太路七点半钟车出发，当时因旅舍内水汀甚暖，以为天气不寒，仅带夹大衣一袭而已。讵知外面大风刮面，满天尘沙，同学皆为战栗，竟是大出意料之外，一行均连呼上当不置。

到榆次县车站经接洽后，即分乘摇车汽车往大潼铁道工程进行处参观。时正在萧河上造一临时大木便桥，该桥全长四百零四公尺，分为二十段，桥桩皆用钢骨水泥及大石砌成。闻大潼铁路与同蒲路线完全平行。年来中国民穷财尽，各种重要建设需款方殷。为整个中华建设计，平行路线实尚非目前亟需之策划也。后由工程处徐君领我等到榆次县城内游览，在城门外一亭中见陈列陨石一块，谓系天空流星堕地变成者云。后又参观夫子庙及城隍庙等，皆为前代宏丽之建筑。余等在榆次县中餐后，乘三点钟车回太原，薛藩先生因在法籍友人处小叙，个人改乘六点钟慢车回来。

六时许，往城内湖南菜馆晚餐。饭罢，余与老同伴华君二人，游览城内各街道，在路上购得太原梨九斤，只费洋三角。回来供各同学大嚼，均以为极便宜，在上海则非三块钱不办也。时有旧同学袁实恩君，任职山西省政府，适来访问。在我房间叙谈，谓：山西人风土朴实，即此购梨一事而论，在南方如见外路人，必要多敲几许竹杠矣。

四月五日 晨六时起身，与华君同到鼓楼，参观山西土产陈列所。该所设于鼓楼之上，门口须纳费铜元四枚，内中陈列各种出品甚富，并有国货机器多座，制造尚佳。（山西出产，素以皮毛著名。）余在帽儿巷购滩皮统子、狸皮衣料及獭皮帽子等几件货料均尚好，得称物美价廉。华君亦购山西汾酒多瓶，归赠亲友。我等回旅社时已十一时许，诸同学均已齐集饭堂，预备午餐矣。饭后，即乘正太路十二点零七分太原开特别快车动身归来，七点三刻到石家庄，仍寓正太大饭店。余与周君、过君三人同居二楼十四号，将行李安置后，即同往大街晚餐，价极便宜，菜味亦佳。

四月六日 因起身稍迟，匆匆将行李整集后，即往膳堂早点，随乘八时二十分平汉车南下。讵知在慌忙之间，竟将我六年老友黑色自来水笔遗落旅舍枕下，等我想起时，车已开出石家庄数百里矣。当即在车上草好一书，车停时寄往该店，初亦不过以为聊尽人事之举耳。我回上海后，约二星期，该店居然将钢笔用木匣妥装挂号寄到，其处事不苟之精神，殊足使人钦佩也。

晚上车过黄河大铁桥，余攀登车头，桥上装有电灯，下视桥面上工程，颇为明晰，月夜渡黄河，觉别有一种景象矣。十二时抵郑州，仍寓中国旅行社。

四月七日 晨起，大家整齐行装，到车站候发。陇海车开到时，乘客极为拥挤，该车不挂头二等，而三等又俨如货车。法教授薛藩氏嫌车脏，未肯乘坐，不得已，大家仍将行李搬回旅社。因整日再无车到徐州，乃定下午往开封游览，以消磨终日。开封北宋建都所在，今河南省城，古迹极多，便中得来一游，洵好机会也。

在旅行社午餐后即乘车出发。开封检查行李颇严，而办事人役又少，余等直迟至一小时许始得出站。设每天以五百乘客来往计，已平均要耗费人民五百小时，每月就是一万五千小时，年长月久下去，其不知要牺牲人民多少光阴。寸阴寸金，执政当局以手续迟缓，使民众有此无谓之损失，不知于心亦有所愧歉否？

我等将行李设法寄存之后，往河南省立师范访熟人，未遇，随乘车到城北隅中山公园游览。北宋宫殿之旧址也，甬道前有坊，即昔之午门，入内即见长堤穿两湖间，车行其上，颇具西湖三潭印月之景象。堤尽，到龙亭，即康熙中所建之万寿亭也。站阶约五十级，中有御座，青石方台，前后左右，皆镌有龙形多条，其四周石栏及左右柱等，亦均镌龙凤等像。建筑工程之伟丽可与南京孝陵同称，而不脱专制帝皇之气概，则又二而一者也。出龙亭来，往游铁塔，塔高十三层，建于宋庆历中。全以大石及黄赤琉璃砖砌成，不用寸木，四周刻列小佛像极夥，古色斑斓，极尽释家色彩。塔旁有一亭，名知止亭，中立铜佛甚高大。余等离亭，随往游中山市场。场在城中心，古之相国寺也，建于北齐天保中，本名建国寺，唐时始改为相国。殿宇壮丽，四围小贩麇聚，游人熙攘往来，市面殊佳，较诸上海之城隍庙、无锡之崇安寺，似尤为繁闹焉。余等以时晚，不便久留，巡览一周，即出往黄河水利委员会参观。随在城内晚餐，当晚登特别快车动身。

四月八日、九日、十日、十一日　八日晨抵徐州，即换衔接之津浦车继上征程。晚上九时抵浦口，仍寓下关花园饭店。九日晨，乘京沪车归来，因大部分同学家乡皆在京沪线区，征得诸位教师同意，皆得便道下车到家中一叙天伦之乐。我等十日晚齐到上海，十一即全体到堂继续照常上课，未有一人缺席也。

此次旅行，取道京沪、津浦、陇海、平汉、正太五大铁道，途经江苏、安徽、河南、河北、山西五大行省，渡长江、越黄河、过娘子关，来往七八千里，深入中国内地，见闻所及，每有出于上海耳目之外者。

中国累年内战，此五道铁路中，正太以规距狭小，车辆不能移用别路，故所受影响较小。其他各路，尤以陇海、平汉等损害最大，元气一时不及恢复，故比较上设备欠缺，车辆不全，非无因也。

我等因今年功课为八年来最繁重之一年。此次旅行，校中尚是初次试办，一方面既限于时日，一方面事前又缺乏充分准备，故所订路线，未能将各路工程精华，尽行收入。如徐州至郑州一段，为陇海路上最平坦之处，该路伟大工程皆未见，即一例也，而往来匆匆，沿路既未及详细浏览，视察所得，亦只略知其一小部工程之大概情形而已。

北地人民，风尚朴实、豪爽、壮强、勇健，古来燕赵多英雄名将、慷慨侠义之士，吾过此不禁心向往之。年来，我国农村破产已臻极点，内地民间生活苦不堪计，较诸上海富丽豪侈之景象，何啻天壤，触目惊心，真使人生无穷感慨，海上之名公伟人，与夫摩登之少爷小姐，大可往一览焉！

本文所记，只为旅行中每日经过之种切，于参观考察各种工程上详情，皆未及列入，而走马观花，见闻既甚简略，所述亦难免谬误，尚希识者指正是幸。

耕耘在公路桥梁领域的专家

孙玉泰，著名公路桥梁专家。1911 年出生于江苏武进，1934 年毕业于中法国立工学院，1937 年毕业于巴黎土木工程大学。新中国成立前兼任中央大学、重庆大学教授，新中国成立后担任河南省交通厅总工程师、省交通设计院总工程师，中国交通工程学会第一、二届副理事长等职务，为中国公路建设事业做出了突出贡献。

1926 年，孙玉泰离开家乡来到上海，入读中法国立工业专门学校附属高中部。1930 年考入大学部。进入大学第二年，学校更名为中法国立工学院，以"养成高深工业人才为目的"，设机械电机系和土木工程系，力求与法国、比利时等国的工业大学有同等程度。因此，孙玉泰前两年主要学习工科相关的公共科目，后两年则主修土木工程系专门课程。毕业前他参加了学校组织的国有铁道考察，写下《本院第一届毕业班考察国有铁道旅行日记》一文，记录了考察过程、参观所得和中国铁路建设情况，为我们今天了解当时中国铁路事业留下了珍贵史料。

孙玉泰学习成绩优异，1934 年毕业后被保送到法国巴黎工程大学继续深造。当时的中国民不聊生，他怀抱科技救国志向，拼命读书学习。留法的两年从不吃早餐，节省下来的钱全部买了书，回国时带了七八个沉甸甸的大书箱。归国后，孙玉泰先后在公路、水利部门工作，负责滇缅公路、澜沧江、怒江大吊桥，重庆长江、嘉陵江汽车过江工程的设计和审核。

孙玉泰目睹和经历了国民党的黑暗统治，看到人民解放军横渡长江的消息，他难抑激动心情，毅然北上，飞抵南京，迎接解放。

新中国成立后，孙玉泰承担了一个个重大项目的设计和施工。在华东交通部工作期间，完成了周总理亲自批准的南京浦口车站堤防加固工程。负责华东支前公路的设计和施工，仅用一年多时间就使苏、浙、闽、赣、粤五省 2 000 余千米军用公路联结成网，使解放军掌握了军运主动权。调任交通部后，他主管鲁、浙、闽沿海公路的测量、设计、施工，在山东潍坊到荣成的国防公路工程中也做出了重要贡献。

1958 年，孙玉泰放弃了在北京和上海的工作机会，主动选择到公路交通落后的河南，"我是个公路桥梁专家，如果到交通非常发达的地区去工作，还有什么用武之地！"①在河南工作时，他先后指导完成了跨度 60 米的南阳唐河无筋混凝土拱桥，跨度 60 米、90 米、60 米的洛阳龙门伊河三跨石拱桥，跨度 30 米的鹿邑大跨径砖拱桥，汤濮铁路卫河 T 型钢铁等工程。②这些工程在当时均属打破国内桥梁记录的创举，推动了河南公路建桥水平。他还大力推动各种新技术新材料的应用，在豫东引进石灰土底渣油石子作表层的路面工艺，解决了当地缺石料、路面造价昂贵的困难，为河南省筑路工程节约经费计亿元。他支持创试钻孔灌注桩代替打入桩，试验成功后，被广泛应用到全国公路、铁路、水利等行业。

---

① 王怀让：《通向彼岸——记公路桥梁专家孙玉泰》，《河南日报》1984 年 2 月 18 日第 1 版。
② 河南省科学技术协会编：《河南当代科技名人》，中国科学技术出版社，1991 年，第 128 页。

20 世纪 60 年代初，郑州黄河铁路新桥通车，孙玉泰建议将旧铁路桥改作汽车公路大桥使用，他依靠大量的材料和数据写了《从经济、国防上的现实性与技术上的可能性》呈寄国务院。在第三届全国人民代表大会上，又以人民代表的身份呼吁。他还倡议建设从焦作到枝江的铁路线，得到毛泽东主席和周恩来总理的批准。焦枝线通车后，解决了南阳交通不便的顽疾。1975 年，河南驻马店遭受严重水灾，60 多个水库相继发生垮坝溃决。紧急关头，焦枝线维持了南北交通，使救援物资和人力得以进入灾区，抢救了人民群众的生命和财产。

改革开放后，孙玉泰继续耕耘在公路桥梁领域，还担任河南省政协常务委员和政协经济建设组组长。1988 年，他主持召开了中国交通工程学会年会，提出改建中国交通的重要意见，得到各方关注。

铁路专家张锡瑕回忆孙玉泰在中央大学给学生上课的情景："记得1943 年下半年的最后一学期，孙玉泰老师给我们讲授铁路运输这门课程，他的开场白就是李白的《蜀道难》的诗篇：'噫吁嚱，危乎高哉！蜀道之难，难于上青天！……'接着才开始叙述铁路运输和铁路选线的密切关系。"[1]彼时他刚从法国留学归来，风华正茂，给学生留下了深刻的印象。孙玉泰把毕生心血奉献给了中国的公路桥梁事业，爬高山、住帐篷，风餐露宿、栉风沐雨，成为中国现代化建设事业的一座桥梁。

---

[1] 张锡瑕：《参与铁路建设的回顾》，载政协郑州市委员会文史资料委员会主编《郑州文史资料》第 20 辑，1999 年，第 118 页。

钱素凡

作家与作品[①]

◆钱　彤

外界的事情打动了作家的感情，通过了他的想象、风格而用文字具体表现出来的东西，便是作品。

作家，一个伟大的作家，能捉住时代的阴影并人们生命的核心，经济而又美妙地在人们面前再现出来。他所给人们的世界，即还是一般人们所住的旧世界；一切新的理想和臆象，也是这个旧世界的反照之像。也许是生活的匆忙，也许是心志的偏枯，大半的人们虽住在这个旧世界里，对于一切，类多麻木，关于新事物的创造，也不热心，直要听到诗人的"预言者的喇叭"的吼声，才警悟过来。可知我们在欣赏作家的作品时，正是在里面发现自己而已。

要将一个糊涂人的生活告诉给那糊涂人听，并教他能听懂、听彻，乃是天下最不容易做的事；于此，不由得使我们不佩服几位大作家的手段。手段尖厉一些的，如易卜生的戏剧，他能直接在"市场偶像"的事件中指出社会的罪恶、人生的矛盾、世间的真理。手段婉和一些的，如莫泊桑的小

[①] 本文原载《沪大周刊》1931 年第 6 卷第 9 期，钱素凡以原名"钱彤"发表。《沪大周刊》创刊于1928 年 9 月，由沪江大学学生自治会出版部负责发行，为沪江大学校刊。部分标点为编者加。

说，他得将人生这一部悲壮的进行曲，一部一部地忠实地描写出来。而且在日常生活里种种重要的琐碎，找着许多好的材料，用极其自然的秩序排列出来，用极其轻易的语句叙述出来，使人读了便好亲目看见、亲耳听着一样。这是什么缘故呢？这大概是作家们天赋多高于常人，感受性特强、同情心特大之故，至于谈到技巧，也是一半由于天才一半由于训练而来的。

莱奥纳德（Leonardo da Vinci，1452—1519）说："你试听那钟声，钟只一个，但声音却因听者而有种种不同。"作家所创造的世界，虽不外乎是从旧世界里发现出来的新大陆，其中却已渗入了他自己的灵魂。

法郎西有言："文艺为自己忠实的描写。"故作者的个性，乃为构成他作品的一种原素。作者的个性不同，其作品的韵味、风格也便各异；并且，对于某事物的情绪的性质、认识的深浅等等，也自然分出了不同。结果，在文艺的园地里的同一种泥土里，便开放出各种香色不同的花朵，有堂皇富丽的牡丹，有高尚雅洁的梅菊，有热闹团簇的紫罗兰，有幽淑冥想的水睡莲，它们虽是一般的动人，自己却各有它所以动人的意境。

关于作家个性的观察，用他们的作品来比较的例子很多，无论在同一题材之下与否，不一般清楚地互相区别了彼此。

"悠然见南山"的陶渊明，决不如"天外黑风吹海立"的苏东坡，也决不是"山横玉海苍茫外，人在冰壶缥缈间"的陆务观。每个人的个性，多很公式般地通澈了他所有的作品。无论看哪一篇都是一样。

再，在同一题材下，也可作有趣味的比较。天下的庐山只有一个，诗人的庐山却不止一个。先看陶渊明的"结庐在人境，而无车马喧。问君何能尔？心远地自偏。采菊东篱下，悠然见南山。山气日夕佳，飞鸟相与还。此中有真意，欲辨已忘言"（《饮酒》其一）。他的意态是多么冲淡悠闲呀！

再看李白的"庐山东南五老峰，青天削出金芙蓉。九江秀色可揽结，吾将此地巢云松"（《望庐山五老峰》）。这便是写山的壮美与他豪放出世的观念。再看白居易的"迢迢香炉峰，心存耳目想。终年牵物役，今日方一往。攀萝蹋危石，手足劳俯仰。同游三四人，两人不敢上。上到峰之顶，目眩心悦悦。高低有万寻，阔狭无数丈。不穷视听界，焉识宇宙广。江水细如绳，湓城小如掌。纷吾何屑屑，未能脱尘鞅。归去思自嗟，低头入蚁壤"（《登香炉峰顶》）。他所见的又是因山景的伟大而感赏到自己的渺小了。

作家个性各别，作品的意味也就各别，作品能很完全清楚地把作家的个性表现出来，便算是好。拿个性、气质、风格的性质来评判高下是不大合理的。（如关于诗品这类的东西，多是一个人主观的见解。）

用我们的自己的喜爱，应我们能够感受若干深浅的心灵去欣赏作品，乃是最自然的办法。文艺园内的花卉很多，我们尽可以自由地领略，而找到自己最喜爱的花朵。

一篇作品，从一方面看来"是时代的反映，是时代的先趋；同时又是时代思想的标识与未来社会的向导"（古儿蒙，Remy De Tourmont 的话）。从另一方面来看，却是作者思想的表征、人格的代表、风调的表现，许多因着"为人生"与"为艺术"两种异端而论战不休的人们，知道了这层，恐怕也会化干戈为玉帛吧！

出生于教育世家的革命烈士

钱素凡，原名钱彤，江苏南通人。1912 年出生于南通书香之家，1928 年考入沪江大学附属高中。曾在南通中学、公立中学、女子师范学校任教，并担任女子师范学校校长。1946 年在"南通惨案"中被害牺牲。

钱素凡的父亲钱啸秋是南通知名人士，为人诚朴笃实，富有正义感。参加隶属上海光复会的侠团，经常抨击社会污浊现象，谴责北洋政府横征暴敛。曾任《通海新报》主笔，写下了大量揭露社会黑暗的文章。钱素凡从小耳濡目染父亲的言行举止，受到进步文艺和革命思想的影响，逐渐形成了反抗强权、憎恶黑暗、向往光明、追求真理的性格。[①]1925 年，钱素凡考入南通中学。五卅惨案爆发后，他在《中学生》《学生杂志》等刊物上发表《耻》《宣传者》《贡献给"五卅"》等诗歌，抗议帝国主义的血腥暴行。随着革命觉悟不断提高，钱素凡加入了共产主义青年团。1928 年 5 月济南惨案发生后，发表《被教训的我们》《呐喊》等文章，以笔为枪，向敌人开火。

1928 年 8 月，钱素凡考入沪江大学附属高中。他以原名"钱彤"不断

---

① 宋方：《钱素凡先生在民主大众文化建设中的历史功绩》，《南通大学学报》(社会科学版)，
  2006 年第 1 期，第 111—115 页。

为新文学发声，革命思想进一步提高。他在沪上杂志《中学生》《学生杂志》《中学生文艺》以及沪江附中和沪江大学的校刊上发表了大量作品，如《我的童年》《月夜的琴声》《晨星》等。1931年，钱素凡在沪江大学附中学生会出版的《沪潮》上发表《谈戏剧运动：从学校到民间》，指明戏剧运动的意义，提出戏剧运动中急需解决的问题并做出解答。同年，他还在沪江大学学生自治会出版的《沪大周刊》上发表《作家与作品》，分析作家与其作品之间的紧密关联性。在沪江附中读书时期，钱素凡写下了大量的诗文，推动了当时新文学的发展。

"九一八"事变发生后，抗日救亡风起云涌，钱素凡联合同学组织成立"十人团"，加入沪江大学附中的抗日会。作为抗日会负责人之一，他代表抗日会参加中学联常委会。这年冬天，听闻日本兵要从蕴藻浜登陆，他和抗日会的20多位同学组成义勇军，顶寒风踏积雪，在校内巡夜。华北事变爆发后，钱素凡与好友徐惊百等人于11月20日联名在南通的报纸上发表《为华北事变宣言并告南通知识界》，向南通一些"可当汉奸、甘当汉奸的恶棍劣绅"提出严厉警告。"一二·九"运动爆发后，他立即写信到南通，介绍南京学生运动情况，呼吁家乡青年迅速投入抗日救亡运动中。

1937年，抗日战争全面爆发后，钱素凡返回南通组织抗日义勇宣传队，加入驻防南通的东北军57军111师，进行抗日宣传，创办《军民导报》，组织歌咏队、演出队，鼓励民众团结一心，共同抗日。111师奉命撤离南通后，他留在南通中学任教。1938年3月17日，南通沦陷，钱素凡随校赴上海。在沪期间，他秘密传阅《论持久战》《论新阶段》等革命书籍。1941年，钱素凡从上海返回南通，先后在公立中学、女子师范学校任教，并担任女子师范学校校长。他利用讲台和一切机会传播革命火种。凭借一张地图，钱素凡描述祖国大好河山，控诉日寇侵占东三省的罪行，激发学生的爱国主义思想。[①] 钱素凡不仅利用讲台教授科学知识、传播革命思想，而且在课余和社会生活中热情关心学生、青年的成长。他的寝室和家里，经常是高朋满座，讲知识、习文艺、论时势、谈人生，从而教育、团结了一大批进步青年，影响、指导他们陆续走上了革命道路。

抗日战争胜利后，钱素凡回到南通中学任教。蒋介石反动政府发动大规模内战，他忧国忧民，尤其关注中国向何处去的问题，时常在课堂上向学生宣传爱国民主思想。他还兼任《国民日报》副刊《苏北文艺》编辑，发表政论《临（迎）春》和诗歌《临（迎）和平使者》等，尖锐指出内战的危险，抨击反动派抹杀事实真相，伪造民意攀诬。

1946 年 3 月 17 日，为迎接军调处徐州小组淮阴执行组到南通，在中共党组织的领导下，钱素凡等进步青年组织南通中学、女子师范等校的学生成立进步团体"南通文艺协会"，钱素凡当选为理事。第二日，南通文协和各中等学校学生 1 000 多人整队出发，沿途高呼"要求和平，反对内战""要求民主，反对独裁""反对一党专政，取消特务机关"等口号，走到大码头，沿马路排列，等待执行小组。

南通青年要求和平民主的斗争，使国民党反动派惊慌失措，执行小组还未离开南通，他们就迫不及待地决定用大规模的逮捕和屠杀来压制人民对和平民主的要求。4 月 4 日凌晨，敌人向钱素凡下了毒手。但他宁死不屈、视死如归，4 月 5 日夜间，他与另外三名被捕的同志被押上汽艇，刺破胸腹，沉入长江。

---

① 周桂发主编：《上海高校英烈谱》，复旦大学出版社，2011 年，第 203—204 页。

从 1946 年 3 月 23 日至 4 月 5 日深夜，国民党特务逮捕并残酷杀害了钱素凡等八人，并将他们的遗体抛入长江，制造了震惊全国的"南通惨案"。① 惨案发生后，延安《解放日报》、重庆《新华日报》、上海《文汇报》等多家报纸连续刊登《南通惨案》《人民的自由权利在哪里？——抗议南通大血案》等文章，强烈谴责国民党反动派。

1950 年，南通解放后，钱素凡被追认为革命烈士。1996 年 3 月 18 日，为纪念南通"三一八"斗争及钱素凡牺牲 50 周年，南通中学于校园内立钱素凡半身铜像，并举行铜像揭幕仪式。"巍巍铜像通中立，笑看春光满故园。"钱素凡的爱国精神和英勇事迹得到再一次传承。②

---

① 中共江苏省委党史工作办公室：《中国共产党江苏历史》第 1 卷：1921—1949，中共党史出版社，2021 年，第 418 页。

② 钱素凡：《钱素凡文集》，江苏教育出版社，1999 年，第 702 页。

冯亦代

江头小呗①

◆冯亦代

（一）雾里

沪江是美丽的，尤其是那样重雾的天气！

清晨起来，看到白茫茫的一片，你心里会起一些异样的感觉；便挟了书，在 sidewalk 上梦游似的走去。

轻轻地你听到了细碎的跫音，于是一些艳丽的衣角，于是一些婀娜的胴体，于是一些浅笑，于是……

在孤寂的独身者，这应是 cocktail 的隽永味吧！

便是在那些凄清的夜里，你从温和的平静的图书馆出来，晚雾已从江面悄悄地升起了；在扑面的雾气里，显出了点点灯火。

要是不幸在楼头正扬起些令人销魂的 cornet 时，你会想起你久别了的家乡。

于是你便悄悄地进了楼居，悄悄地整了卧具；在无聊赖中，将你的灵魂，送到天涯海角，萦绕在家园的梦魂中。

---

① 本文原载《沪江年刊》1935 年第 19 卷。部分标点为编者加。

雾给你慰安，雾给你幽怨；但，在你两鬓苍苍时，你该不忘记这迷人的、旖旎的沪江之雾呢！

（二）晚步

听晚祷的钟声遍下时，你可以用着流恋的脚步，在江垛上行着。

要是季节是萧杀的秋天，江面上吹来的风，会使你觉得抖嗦；而地上将枯未死的花草，也会使你起一种凋残的共鸣。但，你却千万不可打断你的兴致；因为脚下的落叶，亦以沙沙地在作孤独者的慰问哩！

更则，墙上的一片艳丽的红叶，献给你些绯色的、紫色的、罗曼底克的梦；于是你悔恨到只将青春埋在故纸堆里，是件不值得的事，从此你会更宝惜你已逝的青春了，你未老先衰的少年人哪！

在春天，你的心情便完全两样！

你可以伫立在江头的小阜上，望望西天落日的云彩；这是宇宙上的一个奇迹哩！那样轻绡似的一抹斜阳，那样华丽的色调，那样丰盛的生命之力。

你是在梦里；你是火山，你是泡沫，你将要飞进了！一些伟大的冲动，一些魅力的感念。

你是年青人，你有着生命之力，生命之火，生命之升华；于是你定下了你自己的生命之途径，它使你有别于宇宙中的芸芸众生。

你不能在沪江江头，享受晚步的启示，是你生命的损失。

（三）雨天

美丽的花纸伞和艳色的雨衣，组成了雨的交响曲。

但，无论如何，雨天是悲愁的、凄寂的、无聊赖的。

沪江的苦吟的行脚僧，用心血写下了后面绝望的诗句：

"雨的天，是

嫠妇的悲啼，

陷下了，我

年青的心。"

听着窗外沉重的雨脚，一个人闷在斗室里；于是一些老旧的、灰色的回忆，都来过访了！

让苦闷所嚼啮，烦忧来剐割；你会发狂的。向着自己，问着幽灵，向着上帝；这样无边的锦灿的岁月，便让这绝望的回忆所消蚀了吗？

在阵阵的雨声里，你能探知些放晴的祈望不？

可是，在雨声稀止时，你便可解放你久以幽囚的心扉。背着风在寂寞的江头小步；让冰冷的细丝的两脚，涤洗了你心头的旧怨新愁。

在江上锦片的风帆上，你寄去了烦忧。

中国著名翻译家

冯亦代，著名出版家、翻译家，出版《冯亦代文集》5卷。原名贻德，曾用笔名楼风、冯之安等。1913年出生于杭州。父母留学日本，母亲生下他一个多月后因病去世。

冯亦代读初中时，受创造社革命文学运动的影响，爱好文艺，与同学自费出版文艺期刊《磷光》。1929年，考入知名教会学校惠兰中学读高中，打下了良好的英语基础。"九一八"事变爆发后，他投身爱国学生运动，作为学生代表先后两次赴南京请愿。

1932年，冯亦代考入沪江大学工商管理系。他对工商管理兴致索然，志趣在文学。"我是个既不懒惰又不勤奋的学生，一心只想将来当个作家，所以对不合脾胃的什么银行学、政府会计等功课一概采取一个随遇而安的态度。"[1] 冯亦代选修了英美文学、新闻学等课程，广泛涉猎英美文学名著。课余，他组织剧社活动和话剧演出，成立文学团体，编辑新闻班的英文报，成为文艺活动骨干。

---

[1] 冯亦代：《龙套泪眼》，青岛出版社，2013年，第162页。

　　大学期间，冯亦代就已显现了出色的翻译和文学才华。他翻译了英国著名散文家爱·维·卢卡斯的《达佛雷镇》《完善的假日》、法国作家罗伯尔的《九月的玫瑰》、英国作家里昂·美立克的《欢歌中的悲剧》、克利孚德·白克斯的《怪癖的人》。还在《沪江年刊》《沪大文学》上发表《江头小呗》《秋天及其他》《在微雨中及其他》等文章。

　　大二时，冯亦代与女同学郑笑容（又名郑安娜）相识。当时沪江大学英文剧社正上演莎士比亚的《仲夏夜之梦》，他一眼就被台上的郑安娜吸引，"在沪江大学校园东北角的露天剧场里，同学们正在上演莎士比亚的《仲夏夜之梦》。我为那个演小精灵迫克的淘气行动，和她说的一口流利的美国英语所吸引住了。她娇小的身材，加上她诗一样的语言、柔和的声调，似乎是天生要我去爱的人"。[1] 冯亦代想早日结识她，"我坐在课室的最后一排，末一批到课堂，首一批冲出教室，但是自从发现她之后，我注意到自己变了。女同学一贯坐在前排，我就早早到教室坐在前排的后面，下课时也慢慢走出教室，有时运气碰巧坐在她的位子后面，或是一块挤出课堂，我总没话找话和她谈几句，慢慢我们熟起来了"。[2] 1991 年，冯亦代写了两万余字长文《她就是她——悼亡妻郑安娜》，回忆两人鹣鲽情深、患难与共，令人动容。

　　从沪江大学毕业后，冯亦代先考入中国农民银行。1938 年，他南下香港，参加进步组织国际新闻社及全国文艺界抗敌协会香港分会，与戴望舒等人创办英文刊物《中国作家》，与郁风、叶浅予等人发起出版《耕耘》，与沈镛发起出版《电影与戏剧》。1941 年，被中央信托局调到重庆筹建印刷厂。他利用业余时间翻译出版了海明威的《第五纵队》、约翰·斯坦贝克的

---

① 冯亦代：《龙套泪眼》，青岛出版社，2013 年，第 162 页。

② 冯亦代：《冯亦代》，古吴轩出版社，2004 年，第 98 页。

《人鼠之间》以及托尔斯泰和伍尔夫等作家的作品。他翻译的《第五纵队》再现了海明威的电报式文体，被誉为中国现代翻译的经典之作。1943年，冯亦代在夏衍的指导下组织中国业余剧社，并担任副社长。

1949年7月，冯亦代参加第一次中华全国文学艺术工作者代表大会，8月出版散文集《书人书事》。他接受廖承志和乔冠华安排，到北京筹备新闻总署国际新闻界并任秘书长兼出版发行处处长。1961年调任至中国民主同盟中央机关工作。"文化大革命"期间，冯亦代被隔离审查。

改革开放后，冯亦代进入创作高峰期。他组织编译《当代美国小说选》，合译《美国短篇小说集》《富人·穷人》《年轻的心》《青春的梦》等书籍，翻译剧本《松林深处》《小狐狸》《阁楼上的玩具》，出版《龙套集》《漫步纽约》《听风楼书话》等散文随笔集。1979年，对中国知识界影响深远的《读书》创刊，冯亦代应陈瀚伯之邀，担任《读书》发起人并任副主编。著述翻译之余，冯亦代还担任中国作家协会理事、中国翻译家协会常务理事兼副秘书长、中国民主同盟中央常委和全国政协第六届委员等职务。

1993年，冯亦代与演员黄宗英结婚。婚后两人合作出版了散文集《归隐书林》《命运的分号》《多彩的故事》，共同为《新民晚报》写作专栏，一时成为文坛佳话。

冯亦代生前突发脑梗八次。每次从死神的阴影下挣脱出来，他就感觉好像走路又上了一层台阶。他在遗嘱中写道："我将笑着迎接黑的美。"[1] 他在沪江大学原本学商科，但与书结缘一辈子，读书、写书、编书、出版书。2005年，冯亦代在他的生命册页上画上了句号。

---

[1] 北岛：《青灯》，江苏文艺出版社，2008年，第17页。

图书在版编目（CIP）数据

大学如何记忆：文本·书写／孔娜，肖琳琳编著.

桂林：广西师范大学出版社，2025.3. --（沪江文化）.

ISBN 978 - 7 - 5598 - 7969 - 1

Ⅰ. G649.285.1 - 53

中国国家版本馆 CIP 数据核字第 20250YD651 号

大学如何记忆：文本·书写

DAXUE RUHE JIYI：WENBEN·SHUXIE

出 品 人：刘广汉

责任编辑：李　远

封面设计：侠舒玉晗

版式设计：梁业礼

广西师范大学出版社出版发行

（广西桂林市五里店路9号　　邮政编码：541004）

（网址：http://www.bbtpress.com）

出版人：黄轩庄

全国新华书店经销

销售热线：021 - 65200318　021 - 31260822 - 898

山东临沂新华印刷物流集团有限责任公司印刷

（临沂高新技术产业开发区新华路1号　邮政编码：276017）

开本：690 mm × 960 mm　　1/16

印张：14　　　　　　　字数：162 千

2025 年 3 月第 1 版　　2025 年 3 月第 1 次印刷

定价：68.00 元

如发现印装质量问题，影响阅读，请与出版社发行部门联系调换。